AF362100

MARTINEZ

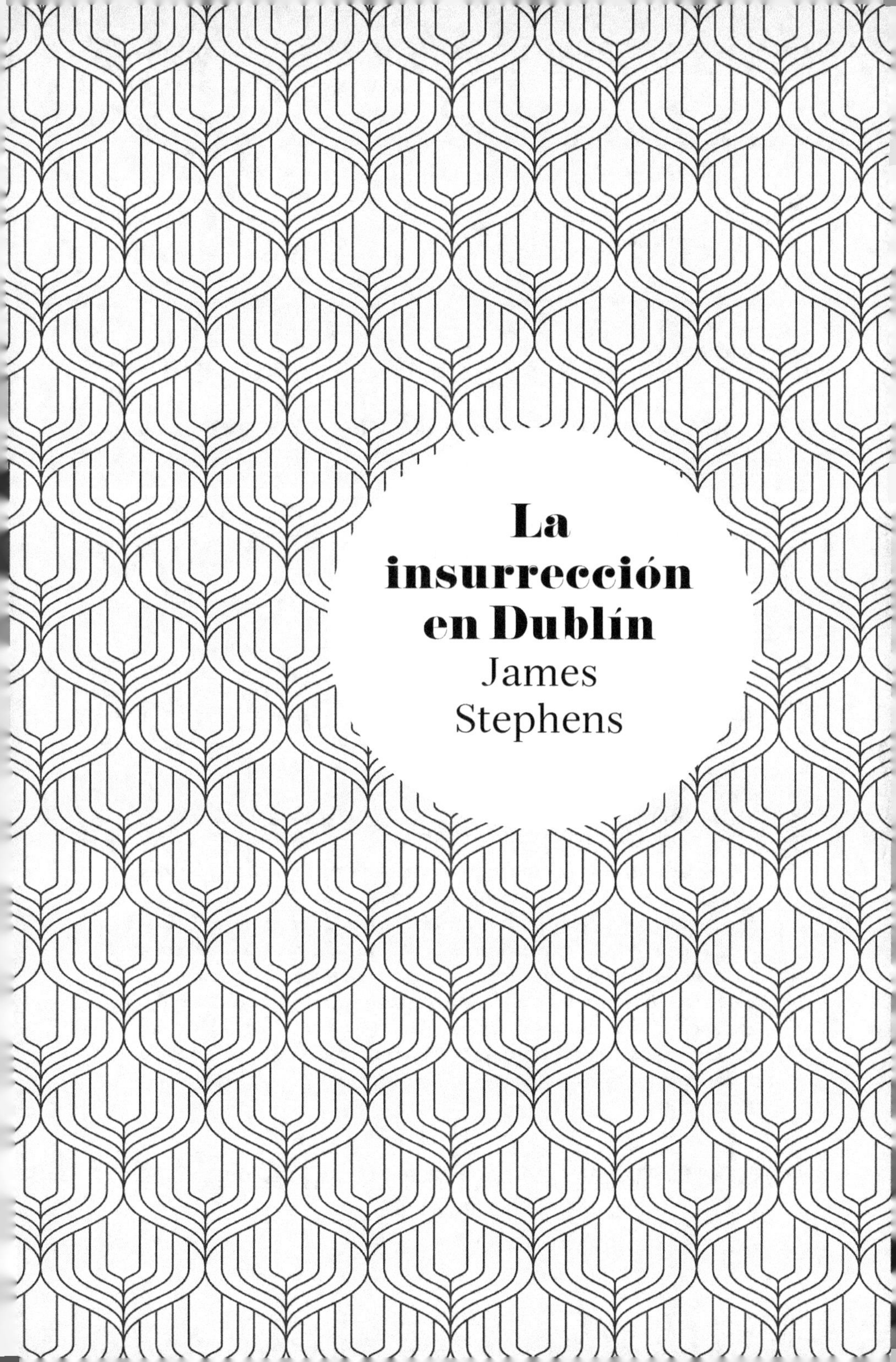

La
insurrección
en Dublín
James
Stephens

Colección: Montaber
Director: Adrià Gibernau

La insurrección de Dublín
James Stephens
© de esta edición, ICG Marge, SL

2.ª edición, 2017, © Ediciones Godot, ISBN 978-987-4086-22-8
3.ª edición, 2019, ICG Marge, SL

Edita: Marge Books | Montaber
València, 558 – 08026 Barcelona
Tel. 931 429 486 - marge@margebooks.com
www.margebooks.com

Traducción: Matías Battistón
Edición: Gimena Riveros
Diseño interior y cubierta: Víctor Malumián
Ilustración de James Stephens: Juan Pablo Martínez
Impresión: Safekat, SL (Madrid)

ISBN: 978-84-17903-23-7
Depósito Legal: B 24688-2019

El papel empleado en este libro no ha sido blanqueado con cloro elemental (CI_2).

El autor

Aunque siempre afirmó haber nacido el mismo día que James Joyce (2 de febrero de 1882), James Stephens nació en Dublín, Irlanda, el 9 de febrero de 1880. En 1907, se afilió al Sinn Féin, partido político irlandés de izquierda. Trabajó como asistente en un buffet de abogados y como mecanógrafo, al tiempo que escribía poesía y textos filosóficos. Hasta 1940 fue participante activo del movimiento nacionalista irlandés. Murió en 1950, el 26 de diciembre, en Londres.

Índice

Un diario al margen de la revolución

I

La escena es famosa y confusa. El historiador irlandés Fearghal McGarry la reconstruye así: al mediodía del 24 de abril de 1916, lunes de pascua, treinta miembros del Ejército Ciudadano Irlandés se dirigen al Castillo de Dublín, el complejo de edificios donde late el centro administrativo y simbólico del gobierno británico. Están pertrechados con revólveres, rifles, escopetas. Alguna que otra pista les indica que la gente en la calle no los termina de tomar en serio. "Tira corchos", les gritan cada tanto.

Cuando llegan a la entrada al castillo, la reacción de James O'Brien, oficial veterano de la fuerza metropolitana de policía, no es muy distinta. Desarmado, solo, impasible, O'Brien extiende el brazo para bloquearles el ingreso. Es ahí cuando

Seán Connolly –conocido actor amateur, joven padre de familia, empleado público a la vuelta de la esquina del Castillo, en el City Hall– levanta su rifle y le descerraja un tiro en la cabeza. O'Brien, la primera víctima del levantamiento, sigue de pie por algunos segundos antes de desplomarse al suelo.

Los demás rebeldes, azorados, vacilan y entran corriendo al patio del predio. A los tiros, revientan los vidrios de una sala cercana –donde seis guardias rodeaban tranquilos una cacerola de guiso lento–, arrojan una bomba casera que al final nunca estalla, y no tardan en reducir a los soldados y maniatarlos con sus propias polainas reglamentarias.

A pocos metros de distancia, Ivon Price, jefe de inteligencia del ejército británico, está reunido con el Subsecretario de Irlanda, Sir Matthew Nathan, y el Secretario de la Oficina de Correos, Arthur Norway, para discutir el desarme y la supresión del Ejército Voluntario Irlandés, aparentemente al borde de la sublevación. "¡Ya empezaron!", advierte Price de inmediato al oír los disparos. Sin pensárselo dos veces, saca su revólver y se abalanza al patio central del predio, donde comienza a tirar contra los intrusos. Lo más probable es que Price fuera el único oficial armado de todo el complejo.

Hasta el día de hoy, nadie sabe muy bien cómo es posible que los rebeldes no hayan podido tomar el Castillo. "No podría haberles resultado más fácil", comentaría Price más tarde. El periódico *The Irish Times* atribuyó el hecho a los reflejos rápidos de uno de los guardias, que habría logrado cerrar el portón justo a tiempo. Un empleado postal que vio lo sucedido afirmó que los rebeldes parecían haberse asustado por un portazo, que confundieron con un disparo. Helena Molony, una de las dos mujeres que participaron del asedio, admitió que muchos de los hombres ni siquiera se decidían a entrar. Característicamente, estaban más seguros de la importancia de lo que hacían que de lo que estaban haciendo.

Podría decirse que, de algún modo, la confusión, la violencia y la falta de previsión de ese primer ataque encapsulan todo el alzamiento. En retrospectiva, la morosidad del gobierno británico para poner fin a las actividades de los Voluntarios Irlandeses parece igual de incomprensible que la vacilación de los Voluntarios en el Castillo. "Que las autoridades permitieran que un grupo de revoltosos sin respeto por la ley fueran entrenados y armados abiertamente, y se equipararan con un arsenal de rifles y explosivos, es una de las cosas más asombrosas –declaró William Martin Murphy ante la Comisión Real, encargada de investigar la revuelta– que podrían suceder en un país civilizado fuera de México".

Cerca de una hora después de ultimar a O'Brien, el mismo Seán Connolly pasó a ser, en un acto de simetría casi burda, la primera víctima rebelde, cuando lo alcanzó un francotirador británico en el techo del City Hall. Para entonces, varios edificios clave de Dublín ya habían sido tomados, y el levantamiento quizá más decisivo de la historia de Irlanda se iba imponiendo, ante un pueblo incrédulo, como una realidad.

Si incluso algunos de los líderes del levantamiento, como The O'Rahilly, se enteraron casi sobre la hora de que la rebelión iba a llevarse a cabo, no es del todo extraño que James Stephens, poeta, novelista y empleado público, ni siquiera lo sospechara. En el trayecto entre su casa en Fitzwilliam Place y su oficina en la Galería Nacional de Irlanda, en lo que para él era hasta entonces un día como cualquier otro, Stephens pasa por uno de los focos principales de resistencia rebelde, St. Stephen's Green Park (el "Green"), y descubre, casualmente, que la ciudad se alzó en armas.

Ajeno a las dos coordenadas típicas del relato testimonial (estar en el lugar indicado en el momento justo, estar en el peor momento en el lugar equivocado), *La insurrección en Dublín* es un diario en primera persona que refleja cómo vivió el Alzamiento de Pascua la mayor parte de los dublineses en el centro de la ciudad: sumidos en un total desconocimiento de lo que realmente sucedía.

Declarado el estado de sitio, sin periódicos, sin medios de comunicación, la gente queda librada a sus propios recursos para conseguir el más mínimo dato que le permita interpretar el caos que la rodea. ("La barbarie es mayormente la ausencia de noticias", observa Stephens al quinto día). La noticia es reemplazada por el rumor. Y el diario documenta, entonces, no lo que pasa, sino lo que se dice que está pasando. Vagos, muchas veces contradictorios, los rumores trazan en este libro una especie de línea paralela a la historia oficial, un compendio de versiones que forman un extraño poliedro de verdades a medias, esperanzas y temores. Es una muestra ejemplar de rumorología. Stephens por momentos genera la impresión de que para ser un cronista brillante solo se necesita no estar bien informado.

Las escenas que describe, a menudo fragmentarias, minúsculas, siempre dejan entrever un drama oculto o una arista cómica inesperada en medio de la balacera. Paula Meehan publicó hace algunos años un poema titulado "Them Ducks Died for Ireland" [Esos patos murieron por Irlanda], en el que, basándose en la documentación oficial del parque, habla de las aves que murieron en St. Stephen's Green por el fuego cruzado durante el levantamiento. Como en el caso de esas anátidas víctimas de la independencia, James Stephens comenta, por ejemplo, la suerte de los caballos del ejército inglés, vapuleados o degollados por los rebeldes, pero acariciados y protegidos con palos y piedras por las vecinas del barrio.

Este tipo de pormenor microhistórico convive con otros de carácter anecdótico o infraordinario, a veces de orden personal. Stephens no se limita a decir que hubo saqueos: precisa que los saqueadores preferían las tiendas de golosinas. No se limita a indicar que el levantamiento lo toma desprevenido: añade que justo entonces estaba pensando en aprender a tocar el dulcémele.

Es difícil pasar por alto su ambivalencia ante la revuelta. Nacionalista militante, Stephens siempre tuvo la mayor de las admiraciones por el coraje militar –de hecho, lo único que impidió que se uniera al ejército en su juventud fue su altura: medía un metro cuarenta y siete descalzo, exactamente lo mismo que la Lolita de Nabokov–, pero la violencia, en la práctica, más allá del gusto por la acidez verbal, no lo atrae. En varias partes del diario nota la fascinante reticencia de la gente en la ciudad a declararse a favor o en contra de los Voluntarios. Durante la semana entera, sin embargo, él se guarda su opinión con idéntico cuidado y de un modo igual de fascinante.

En el epílogo al diario, escrito poco después del Alzamiento, Stephens intenta explicar sus causas y posibles consecuencias, separando con admirable lucidez las hipótesis simples, lógicas y convincentes de las que son, por el contrario, sencillamente ciertas. Es un momento bisagra, tenso, en el que la opinión pública está a punto de dar un vuelco decisivo. La ejecución de los líderes rebeldes por parte de Gran Bretaña, unida a su burda seguidilla de arrestos masivos y condenas en teoría ejemplares, terminará ganándose la indignación de Irlanda y transformando a los líderes en mártires.

Ya Patrick Pearse (quien posiblemente no haya disparado un solo tiro en todo el levantamiento) había escrito en "La revolución que se avecina", un artículo publicado en 1913, que "el derramamiento de sangre es algo que purifica y sacraliza". El lector atento notará que en ningún lugar dice que esa sangre necesariamente sea la ajena.

Matías Battistón

La insurrección en Dublín
James Stephens

Prólogo

EL DÍA PREVIO AL alzamiento fue Domingo de Pascua, y en las iglesias gritaban con alegría: "¡Se ha alzado Jesucristo!". Al día siguiente, en las calles decían: "¡Se ha alzado Irlanda!". El momento era propicio. Los augurios se mostraban favorables y, más allá de todo lo que ha sucedido, no creo que Irlanda caiga de nuevo, ni que vuelvan a enterrarla. Las siguientes páginas fueron escritas día a día durante el alzamiento que siguió a Semana Santa y, como se trata de una serie de impresiones apresuradas de un momento muy particular, el autor ha decidido publicarlas sin ninguna rectificación.

Los pocos capítulos que componen este libro no constituyen una historia del alzamiento. Yo no sabía nada sobre el alzamiento. No sé nada sobre el alzamiento ahora tampoco, y es posible que pasen años antes de que haya información precisa sobre el tema. Lo que he escrito es apenas una descripción de lo sucedido en un barrio de nuestra ciudad, y una recopilación de los rumores y tensiones que, durante casi dos semanas, los habitantes de Dublín debieron resignarse a consumir en lugar de noticias. Muchos dublineses debieron resignarse a consumir eso en lugar de pan.

Hoy, 8 de mayo, el libro está terminado, y el alzamiento, en lo que concierne directamente a Irlanda, ha llegado a su fin. Ahora le corresponde actuar a Inglaterra, y de ella depende que el alzamiento irlandés se termine para siempre o meramente se suprima por ahora. Al tratar con nuestro país, los funcionarios ingleses casi nunca han dado muestras de imaginación política: a veces han sido justos y otras, con demasiada frecuencia, injustos. Después de cierto punto la justicia me provoca rechazo y desprecio. Es un atributo de Dios, y solo Él la administra como corresponde; entre los hombres, en cambio, la única ética que puede dar resultado es la ética de la amabilidad. No tengo la menor esperanza de que esta ética pueda reemplazar a la justicia; simplemente la menciono para que la gente que lea estas palabras se ría un poco, algo que les será necesario para poder digerirlas.

Tengo fe en el hombre, y muy poca fe en el hombre de Estado. Pero creo que el mundo avanza, y que este pesado planeta, con el correr de sus rotaciones, traerá la libertad a Irlanda. Es más, considero que esta fecha marca el primer día de libertad irlandesa, y saber esto me impide lamentar en exceso la muerte de mis amigos.

Tal vez no valga la pena mencionarlo, pero lo cierto es que Irlanda no se siente intimidada. Sí un poco alborotada. Un poco alegre. No apoyó la revolución, pero lo hará en los próximos meses, y su corazón, hasta hace poco a punto de marchitarse, revivirá al saber que hubo hombres dispuestos a morir por ella. El país va a hacer lo que haga falta para ponerse a la altura de tal devoción, devoción que no le fallará nunca. Con tan poco nos basta para recobrar el ánimo y el entusiasmo.

¿Sirve de algo describirles estas cosas a los lectores ingleses? Nunca han hecho más que impacientarlos; sin embargo, hoy por hoy, en medio de esta coyuntura desesperada, tal vez no resulten tan inútiles como de costumbre. Inglaterra también se ha vuelto más patriótica, incluso por necesidad. Solo la necesidad puede forjar patriotas, ya que en tiempos de paz un patriota es un farsante, cuando no un estafador. El idealismo es redituable en tiempos de paz y muere en tiempos de guerra. Nuestros idealistas han muerto, y los suyos están muriendo a cada hora.

Es posible que hoy por hoy la mente inglesa sea capaz de entender cuál es nuestro problema, y por qué desde hace siglos estamos "desconsolados"[1]. Que nos vean a través del humo, no aquel que todavía envuelve los escombros en nuestras calles, sino el que ahora recorre desde el Mar del Norte hasta

---

1. Alusión a "The Wearing of the Green", balada popular sobre la represión que sufrieron los simpatizantes de la Rebelión Irlandesa de 1798: "I met with Napper Tandy, and he took me by the hand, / And he says: 'How is Poor Ould Ireland, and does she stand?' / She's the most distressed Country that ever I have seen / For they are hanging men and women for the Wearing of the Green" (Me encontré con Napper Tandy, y me tomó de la mano / Y me dijo: "¿Cómo está la pobre y vieja Irlanda, cómo se encuentra?" / Es el país más desconsolado que se haya visto / Pues ahí cuelgan a hombres y mujeres por usar el color verde). [N. del T.]

Suiza, y que descubran en carne propia la razón de todos nuestros alzamientos, este incluido.

¿Está mal decir que Inglaterra no tiene un solo amigo en toda Europa? Yo lo digo. Sus aliados de hoy son sus enemigos de ayer, y solo la política decidirá qué serán mañana. Yo lo digo, y sin embargo no es del todo cierto, pues Inglaterra tiene una amiga en potencia, a menos que decida que tener incluso un solo amigo es excesivo y molesto. Esa amiga en potencia es Irlanda. Yo digo, y con certeza, que si se resuelven nuestras cuestiones nacionales, ya no habrá motivo que justifique el incordio entre ambos países, y quedarán muchos que justifiquen su amistad.

Podría objetarse que la amistad de un país como Irlanda tiene poco peso, que es un territorio demasiado insignificante geográficamente, y muy poco poblado como para socorrer a nadie. Pero hace apenas sesenta y tantos años teníamos casi diez millones de habitantes, y por ahora tampoco nos hemos vuelto estériles; puede que en superficie Irlanda no sea colosal, pero tampoco es microscópica. Bernard Shaw se ha referido a ella como "una huertita de repollos en medio de la nada". Con ese criterio, podría decirse que Roma era un gallinero, y Grecia el patio del fondo. El hecho innegable es que Irlanda tiene una superficie geográfica superior a la de muchos reinos europeos independientes y prósperos, es una nación relativamente grande en términos de necesidades humanas y sociales, y, como si eso fuera poco, es bella y fértil. Con algo de buena voluntad y confianza, es posible que valga la pena conocerla.

Creo que una vez terminada la Gran Guerra, ya ninguna nación podrá detentar o aspirar a aquello que se conoce como "el dominio de los mares", y para Inglaterra será más urgente que nunca contar con un amigo. Es cierto que podríamos ser sus enemigos y perjudicarla un poco; es aún más cierto que podríamos ser sus amigos, y ayudarla mucho.

Si el estadista inglés decide que nuestra amistad vale la pena, entonces que cultive un poco esa imaginación política de la que hablábamos antes. Que nos dé lo necesario para ser libres –esa es una deuda de Inglaterra hacia Irlanda–, y que no lo haga como esos amarretes que, cuando alguna mujer en su familia queda en la ruina, apenas si se dignan a pagarle una pensión de mala muerte, sino como el magnate que se asegura de que su hijo pueda abrirse paso en el mundo. Me temo que quizá le esté dando a mi lector demasiadas razones para reírse, pero la risa es el único exceso saludable.

Si la libertad ha de llegar a Irlanda –como creo que es el caso–, entonces el Alzamiento de Pascua era inevitable. Hablo como irlandés, y por el momento estoy haciendo a un lado cualquier otro tipo de consideración. Si después de tantos esfuerzos la libertad le hubiese sido concedida como un regalo, como un presente inofensivo, como esas chucherías que a veces nos dan en oferta por la compra de medio kilo de té, Irlanda habría aceptado ese regalo con vergüenza, y habría sentido que todos sus siglos de rebeldía terminaban en algo muy cercano al ridículo. Una consumación así tenía que santificarse con la sangre de hombres valientes, para que la imaginación del pueblo tomara conciencia de esa tarea espantosa que es organizar la libertad; hacía años que la imaginación y la inteligencia de Irlanda se habían sumido en un largo letargo. Aquí la docilidad habría dejado entrever, o al menos temer, un futuro fracaso; hacía falta una guerra (llamémosla así, por el bien de nuestro orgullo) para que Irlanda pudiera recibir dignamente su herencia debida. Podríamos haber alcanzado la libertad a hurtadillas, como una especie de pueblo domesticado, mientras que ahora se nos puede conceder el derecho de marchar hacia ella con el honor de la guerra. Sigo apelando a la imaginación política, pues si Inglaterra condesciende a pactar formalmente la paz con Irlanda, esta será una paz duradera, eterna; pero si nos ofrecen una libertad condicionada, desconfiada y mezquina, entonces no pretenderán que, además de aceptarla, se la agradezcamos.

En las páginas anteriores hay una alusión a una carta que envié a George Bernard Shaw y que se publicó en *The New Age*. La escribí sin pensar, y los sucesos posteriores han demostrado que fue insensata y ridícula. Más tarde, gracias a la hospitalidad de esa misma revista, le pedí disculpas a Shaw, pero he preferido dejar tal cual mi alusión al tema, como muestra de que el ambiente ya estaba caldeado. Cada una de las cosas que dije sobre él en esa carta y en este libro resultó ser falsa, pues más tarde, cuando lo más conveniente políticamente habría sido salir corriendo a esconderse, él vino corriendo a poner el pecho, y habló a la vista de todos, expuesto, como

el valiente pensador y el gran irlandés que siempre
ha sido.

* * *

Desde que escribí lo anterior, en este país
han sucedido varias cosas. La situación ya no es la
misma. Los rebeldes han sido ejecutados. No sería justo despotricar contra las medidas adoptadas
por el tribunal militar, pero teniendo en cuenta los
intereses de ambos países, uno bien puede conside-
rarlas deplorables. He dicho que Irlanda no guardaba ningún rencor, y era cierto cuando lo escribí.
Ya no lo es. Pero todavía es posible que una política
de Estado generosa permita sobreponernos a todo
esto, y cementar una verdadera unión entre Irlanda
e Inglaterra.

CAPÍTULO I

LUNES

ESTO HA TOMADO A todos por sorpresa. Es posible que, exceptuando a sus líderes, incluso haya tomado por sorpresa a los mismos Voluntarios Irlandeses. Hoy, nuestra apacible ciudad ya no conoce la paz: se oyen disparos, o ráfagas y estallidos, que provienen de distintas direcciones, y también, aunque muy cada tanto, se oye cómo retumban las ametralladoras.

Dos días atrás, la guerra parecía muy lejana. Tan lejana, de hecho, que yo había tomado la firme decisión de aprender a leer música. Tom Bodkin había prometido regalarme un instrumento musical llamado "dulcémele". Sigo pensando que se trata de una especie de guitarra, aunque me aseguran que consiste en una serie de placas de metal diminutas que uno toca con baquetas, y confieso que esta descripción de su funcionamiento me predispone bastante en contra del aparato. No hay ninguna razón para ver con suspicacia un instrumento así, pero no me atrae demasiado la idea de hacer música con un palito. Con este dulcémele voy a poder tocar melodías irlandesas cuando esté fuera del país, y transportarme de nuevo a Irlanda durante unos pocos minutos, o unos pocos compases.

Para prepararme, me había pasado todo el sábado y el domingo aprendiendo las notas de la escala. Las notas y los espacios en las líneas del pentagrama no me costaban demasiado, pero cuando se encontraban por encima o por debajo de las líneas el asunto me parecía tan intricado y complejo que me espantaba.

El sábado recibí *The Irish Times*, donde encontré un largo artículo de Bernard Shaw (publicado primero en *The New York Times*). Uno lee cosas escritas por Bernard Shaw. No sé exactamente por qué lo hacemos, salvo que se trata de un hábito adquirido hace años; leemos un artículo de Shaw del mismo modo que nos ponemos las botas por la mañana, es decir, sin pensarlo, y sin esperar ningún tipo de recompensa a cambio.

Su artículo me sacó de quicio. Se titulaba "Disparates irlandeses que circulan en Irlanda"[2]. Estaba escrito (como casi todos sus textos periodísticos) con esa bonhomía que ha cultivado –una afectación suya– y que es esencialmente hipócrita y falsa. ¡Bonhomía! Esa actitud de hombre de mun-

---

2. "Irish Nonsense Talked in Ireland", *The New York Times*, 9 de abril de 1916, recopilado póstumamente en *The Matter with Ireland*, London, Rupert Hard-Davis, 1962, pp. 99-107. [N. del T.].

do, esa actitud que parece decir: "Entre nos… porque, ¿acaso no somos pares, no somos cultos?" es lo que caracteriza el tono del tahúr y el estafador. Ese era el tono del artículo de Shaw. Le escribí una carta abierta y la envié al *New Age*, porque dudaba que los periódicos dublineses fueran a publicarla, y sabía que los irlandeses que leen los otros periódicos nunca han oído hablar de Shaw, salvo como nombre de una excelente marca de panceta de Limerick, y no sentirían el menor interés en leer las opiniones de alguien llamado así sobre ningún tema que no estuviera relacionado con ese corte porcino. Taché de mi carta muchas de las frases más agresivas, con la ilusión de que me respondiera para poder enviarle esas acideces en una segunda carta.

Eso fue el sábado.

El domingo tuve que ir a mi oficina, porque el director estaba de viaje en Londres, y ahí me dediqué a estudiar las notas y los espacios que van debajo del pentagrama, pero abandoné el intento, convencido de que aquellos misterios eran inaccesibles para el ser humano, recordando sombríamente que por encima del pentagrama había otras notas y otros espacios de no menor complejidad.

Volví a casa, y como las novelas ya no me interesan (quizá esto solo sea mientras dure la guerra), me quedé leyendo un rato largo *La doctrina secreta*, de Madame Blavatsky, libro que me despierta un profundo interés. George Russell no estaba en la ciudad, de lo contrario habría pasado por su casa por la noche para comentarle lo que pensaba de Shaw y para escuchar su opinión, siempre mucho más interesante que la mía, tanto sobre este tema como sobre cualquier otro. Me fui a dormir.

A la mañana siguiente, me desperté en plena insurrección, en plena guerra sangrienta, aunque todavía ni lo sospechaba. Era feriado, pero los oficios como el mío no conocen feriado alguno, así que fui a la oficina a la hora de siempre y, después de haber cumplido con todas las tareas necesarias, me encorvé a estudiar las notas por encima y por debajo del pentagrama, y me maravillé una vez más ante el ingenio de la raza humana. En el edificio reinaba la paz, y si alguno de los empleados se había enterado o había oído algún rumor de la guerra, a mí no me dijo nada.

A la una en punto salí a almorzar. Pasando la esquina de Merrion Row vi dos grupitos de personas. Estaban mirado fijo hacia St. Stephen's Green Park, y cada tanto comentaban algo con esa confianza distante que adopta la gente al hablar con desconocidos. Yo no me les acerqué, pero me puse a mirar en la misma dirección. Lo único que vi fue la calle en sí, estrecha primero y más ancha después, en el tramo que se va acercando al parque. Algunas personas parecían ligeramente indecisas, y todas miraban hacia el mismo lugar. Al darles la espalda para enfilar a casa, sentí un silencio cargado de expectativa y emoción. En el camino noté que había mucha gente callada en los umbrales de sus casas, algo inusual en Dublín salvo en las bocacalles. La mirada del dublinés por lo general transmite cierto reproche hacia nuestra apariencia personal, y algo de hostilidad hacia el transeúnte. En cambio, la de cada una de las personas que vi al pasar era una mirada fija, inquisitiva en vez de crítica. Me sentí vagamente perturbado, pero me abstraje sumiéndome en una meditación que me había comprometido a retomar todos los días, y seguí de largo hacia mi casa.

Ahí me contaron que se habían sentido muchos disparos de rifle durante toda la mañana, y dedujimos que los reclutas del Ejército o algún destacamento de los Voluntarios estarían practicando por la zona. Volví a la oficina por donde había venido. En la esquina de Merrion Row encontré los mismos grupos de gente callada, todavía mirando en dirección al parque, y cada tanto hablando entre sí con la distante confianza que se muestran los desconocidos. De repente, y dejándome llevar por la situación, le dirigí la palabra a uno de estos espectadores silenciosos.

–¿Hubo un accidente? –le dije.

Señalé a las personas que estaban paradas en el lugar.

–¿Por qué tanto alboroto? –agregué.

Era un hombre adormilado y rústico de unos cuarenta años, con un bigote burdo y pelirrojo y esa mirada perdida en la lejanía que suelen tener los marineros. Me miró como si yo fuera de otro país. De a poco fue despabilando.

–Pero… ¿no se enteró? –me dijo.

Y entonces vio que yo no me había enterado.

–Los de Sinn Féin tomaron la ciudad esta mañana.

–¡Ah! –dije.

Siguió hablando con la seriedad brutal de alguien que se asombra de lo que está contando:

—Tomaron la ciudad a las once de la mañana. Hay cualquier cantidad de ellos en el Green. Coparon el castillo. Coparon la oficina de correos.

—¡Dios mío! —dije, mirándolo fijo, y de inmediato di media vuelta y me puse a correr hacia el Green.

A los pocos segundos traté de tranquilizarme y empecé a caminar. Cuando me acerqué al Green comenzaron a sonar los rifles. Cada disparo era como un latigazo. El sonido provenía del otro lado del parque. Vi que el portón de rejas estaba cerrado, y que adentro había hombres parados con armas al hombro. Pasé por delante de una casa, cuyas ventanas habían sido rotas desde afuera. Mientras yo seguía mi camino, un hombre vestido de civil entró furtivamente al parque; el portón se cerró enseguida a sus espaldas. Ahí echó a correr hacia mí, y me detuve. Llevaba dos paquetitos en la mano. Me pasó por al lado a toda velocidad, metió una pierna por la ventana rota de la casa que ahora estaba detrás de mí, y desapareció. Casi de inmediato, otro hombre vestido de civil salió de la ventana rota de otra casa. También llevaba algo (no sé qué) en la mano. Fue corriendo con urgencia hacia la reja, que se abrió para dejarlo pasar antes de cerrarse de nuevo.

En medio de esta parte del parque habían improvisado una barricada con carretas y automóviles. Todavía estaba llena de agujeros. Detrás había un tranvía detenido, uno de los varios que podían verse por todo el parque, abandonados, vacíos.

Llegué a la barricada. Al alcanzarla y quedarme ahí parado, justo delante del Shelbourne Hotel, se oyó un grito fuerte que provenía del parque. Se abrieron las rejas y tres hombres salieron corriendo. Dos llevaban rifles con bayonetas. El tercero empuñaba un revólver pesado. Fueron corriendo hacia un automóvil que acababa de doblar en la esquina y le ordenaron detenerse. Los de las bayonetas se apostaron de inmediato a ambos lados del coche. El del revólver hizo un saludo marcial, y lo oí disculparse con los ocupantes del vehículo antes de pedirles que se apearan. Se bajaron un hombre y una mujer. El hombre les volvió a dirigir un saludo y les pidió que fueran a la vereda. Eso hicieron[3].

El hombre cruzó y se me quedó parado al lado. Era muy alto y delgado, de mediana edad, con el rostro afeitado y consumido.

–Quiero llegar a Armagh hoy –dijo, sin dirigirse a nadie en particular.

La piel suelta y azulada debajo de sus ojos se contraía espasmódicamente. Los Voluntarios le indicaron al chofer que condujera hasta la barricada y estacionara el auto en un lugar específico. Lo hizo con torpeza, y después de tres intentos logró dejarlos contentos. Era un hombre grandote, de rostro cetrino, con las rodillas demasiado altas para el asiento del coche: se sacudían rápida e insistentemente, como movidas por un resorte gigante. Su expresión era la de un hombre que está tranquilo y

---

3. Mientras escribo estas palabras, se oyen disparos de rifle desde tres direcciones distintas, de forma continua. Hace tres minutos se oyeron dos descargas de cañones pesados. Son los primeros cañones pesados que se usan en la Insurrección. 25 de abril. [N. del A.].

tiene todo bajo control, aunque en su caso no las piernas. Estacionó en la barricada y luego, acostumbrado a recibir órdenes, esperó a que le indicaran bajarse. Cuando se lo indicaron, fue caminando derechito hacia su patrón, con la misma expresión solemne e imperturbable. Estos dos hombres no intercambiaron ni una sola palabra, pero sus ojos hundidos e inexpresivos delataban su asombro, su miedo y su furia. Entraron al hotel.

Le hablé al hombre del revólver. Era apenas un muchacho, de no más de veinte años, baja estatura, pelo muy rojo y crespo y ojos azules. Parecía un chico amable. Se le había aflojado la correa del sombrero en un costado, y, salvo cuando la sujetaba con los dientes, le colgaba flameando cerca del mentón. Tenía la cara quemada por el sol y sucia de sudor y polvo.

Este muchacho, me pareció, no actuaba guiado por su razón. Estaba haciendo su trabajo a fuerza de una voluntad implantada en su imaginación días o quizá semanas atrás. Su mente estaba… ¿dónde? Porque en su cuerpo, seguro que no. Además, continuamente lanzaba miradas inquisitivas y desesperadas, buscando recovecos, escudriñando al pasar las nubes, las calles de la ciudad, buscando algo que no lo oprimiera, desviando la atención por un instante de las urgencias y los rigores grabados en ese espacio que antes había ocupado su mente.

Cuando le hablé me miró, y sé que tardó algunos segundos en verme realmente. Le dije:

–¿Qué significa todo esto? ¿Qué pasó?

Me respondió en un tono bastante tranquilo, pero con la misma mirada perdida, los mismos ojos nublados:

–Tomamos la ciudad. Creemos que el ejército va a atacarnos en cualquier momento, y esa gente –señaló los varios focos de hombres, mujeres y niños que se habían enjambrado cerca del límite del parque– no me escucha cuando le digo que se vaya a su casa. Tenemos la oficina de correos, y los ferrocarriles, y el castillo. Tenemos la ciudad entera. Tenemos todo.

Unos hombres y dos mujeres se me acercaron por detrás para escuchar.

–Esta mañana –agregó– se nos vino encima la policía. Un oficial se me acercó corriendo para sacarme el revólver. Le disparé, pero en vez de darle a él, le di a…

–Ya hablaste demasiado –le dijo una voz al muchacho.

Me alejé unos pasos y, cuando eché un vistazo por encima del hombro, noté que todavía me estaba mirando, pero sé que no me veía realmente: veía el caos, y la sangre, y las figuras que se le venían encima corriendo y se alejaban corriendo de él: un mundo en movimiento, con él en el medio, anonadado.

Los hombres que lo acompañaban no emitieron sonido alguno. Eran mayores que él, los dos. De hecho, uno de ellos, un tipo petiso y robusto, tenía un tupido bigote canoso. Mantenía bastante bien la compostura, y no le prestaba la menor atención ni a las nubes ni a los posibles recovecos. Cuando vio que un hombre con galochas apoyó la mano en una motocicleta de la barricada, le ordenó de inmediato:

–¡Deje eso tranquilo!

Como el motociclista no sacó la mano automáticamente, el hombre del bigote canoso tomó su arma con las dos manos y echó a correr con ferocidad hacia él. Corrió en línea recta, de frente, hasta que ambos quedaron cuerpo a cuerpo y, como él era petiso y el motociclista era muy alto, levantó la vista para mirarlo fijo a los ojos. Entonces le rugió en la cara con un vozarrón importante:

–¿Está sordo? ¿Está sordo? ¡Atrás!

El motociclista se apartó y el hombre lo siguió con la mirada, una mirada tan firme y salvaje como la punta de la bayoneta que sostenía a igual altura.

Otro automóvil dobló en la esquina con Ely Place en dirección al parque, y empezó a cimbrear al ver la barricada. Los tres hombres que habían vuelto a la entrada del Green rugieron:

–¡Alto!

El conductor, sin embargo, intentó pegar un volantazo. Varias voces gritaron al unísono, y los tres hombres corrieron hacia el coche.

–¡Diríjalo a la barricada! –le ordenaron.

El conductor giró el volante unos grados de más, tratando de escapar, y de inmediato uno de los hombres enterró su arma en la rueda y reventó el neumático. Hubo un breve intercambio de palabras, y luego alguien gritó:

–¡Llévelo al borde, al borde!

El tono era muy amenazante, y el conductor dobló lentamente hacia la barricada y lo estacionó ahí.

Estuve una hora recorriendo sin rumbo la ciudad, viendo por todas partes esos enjambres de personas desconocidas y atentas que conversaban por lo bajo, y entendí que lo que me habían contado era cierto: la ciudad estaba en plena insurrección. Desde hacía tanto tiempo que lo venían prometiendo, desde hacía tanto tiempo que venían amenazando con eso... Y ahora lo habían hecho. Yo lo había visto en el Green, otros lo habían visto en otras partes: los mismos hombres vestidos de verde oscuro y equipados con rifles, bayonetas y bandoleras, la misma actividad silenciosa. La policía había desaparecido de las calles. A esa hora no vi ni un solo oficial, ni los vería durante muchos días más, y la gente decía que a muchos los habían baleado por la mañana temprano, que le habían disparado a un oficial de policía en Portobello Bridge, que habían matado a muchos soldados, y que muchos civiles habían muerto también.

Mientras caminaba, a mi alrededor podía sentir el rumor de la guerra y la muerte en el aire. Se oían estallidos y ráfagas desde todas las direcciones. A veces se oía un solo disparo; otras, un crescendo de descargas que culminaba en explosiones breves y aisladas, y que luego volvía a disgregarse en tiros sueltos, lacerantes y resonantes como latigazos. Después, por un momento, se hacía el silencio, antes de que los disparos volvieran a cruzar el aire.

Eran continuos los rumores de que habían tomado tal o cual posición, puente, lugar público, estación de ferrocarriles u oficina del gobierno, y nadie los desmentía.

Me crucé con algunos conocidos, P. H., T. M., que me dijeron: "¡Y bueno!" y me atravesaron con la mirada, como si estuvieran hurgándome en busca de información. Pero no había mucha gente en la calle. La mayor parte de la población estaba de viaje por el feriado, y no se había enterado de nada. Muchos no se enterarían hasta descubrir que iban a tener que volver a pie a su casa desde Kingstown, Dalkey, Howth o dondequiera que estuvieran.

Volví a mi oficina, y decidí que cerraría la galería durante el resto del día. Los empleados sintieron un alivio enorme cuando me vieron entrar, y más aún cuando ordené que hicieran sonar la campana. Había pocas personas en el edificio, y no tardaron en hacer que se fueran. Cerraron el portón y la puerta principal, pero ordené que los empleados cumplieran su turno hasta el atardecer. Éramos el único organismo público abierto; el resto había cerrado hacía horas.

Subí las escaleras y tomé asiento, pero apenas lo hice volví a levantarme y empecé a caminar por mi oficina de izquierda a derecha y de derecha a izquierda, asombrado, expectante, inquieto, parando la oreja para oír los disparos, y sumiendo la mente en especulaciones que empezaban *in medias res* y que eran desplazadas por otras distintas antes de poder redondear ni una sola idea. En un arranque de voluntad, agarré un lápiz, me senté y me puse a hacer ejercicios por encima del pentagrama, y por debajo del pentagrama también, hasta que de repente me descubrí otra vez de pie, caminando de izquierda a derecha y de derecha a izquierda, con pensamientos estallándome por la cabeza, como si alguna tropa oculta de soldados me los estuviera disparando a quemarropa.

A las cinco me fui. Me encontré con Miss P.[4], que me contó rumores que coincidían al pie de la letra con los que yo había escuchado. Estaba de muy buen humor y muy interesada. Después de despedirnos, me encontré con Cy----,[5] y nos dirigimos juntos al Green. A medida que avanzábamos, el sonido de los disparos se iba haciendo más nítido, pero cuando llegamos al parque dejó de oírse. Nos quedamos un momento fuera del Shelbourne Hotel, mirando la barricada y el interior del parque. No pudimos ver nada. No había ni un solo voluntario a la vista. El Green parecía desierto. Solo se veían los árboles y, a través de las copas, pequeños retazos verdes del césped del otro lado. Justo en ese momento, un hombre apareció en el sendero y empezó a caminar directamente hacia la barricada. Se detuvo y agarró los varales de un carro metido cerca del medio. Automáticamente, el parque se llenó de vida y ruido; de la nada aparecieron unos hombres armados detrás de las rejas, gritándole:

–¡Suelte ese carro! ¡Déjelo y váyase! ¡Déjelo de una vez!

Eso le gritaban. El hombre no lo soltó. Se paró, sosteniendo los varales, y miró hacia las rejas vociferantes. Entonces, y con mucha lentitud, empezó a arrastrar el carro para sacarlo de la barricada.

---

4. Sarah Purser (1848-1943), artista irlandesa, conocida por sus vitrales, sus retratos y su ingenio. [N. del T.].

5 Probablemente, Cynthia (Millicent Josephine Gardiner Kavanagh, 1882-1960), esposa de Stephens. [N. del T.]

Volvieron a gritarle, muy fuerte, en un tono muy amenazante, pero él no hizo caso.

—Es el dueño del carro —dijo una voz a mi lado.

La gente alrededor se hundió en un silencio fúnebre, mientras el hombre arrastraba lentamente su carro por el sendero. Luego sonaron tres disparos al hilo. A esa distancia era imposible errarle, y era obvio que estaban tratando de asustarlo. Entonces dejó los varales en el piso y, en lugar de irse, caminó hacia los voluntarios.

—No le importa nada —dijo otra voz a mis espaldas.

El hombre caminó directamente hacia los Voluntarios, unos diez hombres alineados en las rejas. Caminó a paso lento, algo encorvado hacia adelante, con una mano alzada y el índice levantado, como si estuviera a punto de dar un discurso. Tenía diez armas apuntándole, y una voz le repitió muchas veces:

—Vuelva y deje ese carro donde estaba o es hombre muerto. Vaya antes de que cuente cuatro. Uno, dos, tres, cuatro…

Un rifle le escupió un balazo, y en dos movimientos ondulantes el hombre se desplomó al suelo.

Algunas personas y yo corrimos hacia él, mientras una mujer gritaba de un modo absurdo, sosteniendo una única nota estridente. Al hombre lo levantaron y lo llevaron a la clínica que queda al lado del Arts Club. Tenía un agujero en la parte de arriba de la cabeza, y uno no sabe lo fea que puede ser la sangre hasta que la ve coagulada en el pelo. Cuando al pobre tipo lo estaban entrando a la clínica, una mujer cayó de rodillas en el pavimento y empezó no a gritar, sino a chillar. En ese momento, todos odiaban a los Voluntarios. Los hombres a mi alrededor, los que estaban levantando el cuerpo, les rugieron:

—¡Ya los vamos a venir a buscar, malditos sean!

No se oyó respuesta alguna desde las rejas, y en un segundo el lugar volvió a quedar desierto y en silencio, con los mismos somnolientos retazos de verde entre los árboles.

Nadie parecía capaz de calcular cuántos hombres habría en el parque, y a lo largo del día no se habían visto demasiados, solo a los que custodiaban el acceso al Green, y los pequeños grupos de tres o cuatro personas que incautaban coches y carros para las barricadas. Algunos de ellos todavía eran niños: uno parecía tener doce años. Caminaba con arrogancia por el medio de la calzada, sosteniendo un revólver enorme en su puño diminuto. Cuando se le acercó un coche en el que viajaban tres hombres, en un santiamén logró que lo estacionaran en su barricada. Después les ordenó a sus turbados pasajeros que se largaran, haciéndoles un gesto con el revólver.

Había cada vez más grupos de curiosos en la calle, porque ahora los que se habían ido de viaje por el feriado a lugares que no estaban muy lejos habían empezado a volver, y a ellos había que explicarles todo de nuevo. Uno podía circular libremente por la ciudad entera, pero las descargas constantes de los rifles limitaban de algún modo esa libertad. Hasta la una de la madrugada se seguían viendo vacacionistas tardíos entrando lentamente a Dublín, y gente curiosa que todavía deambulaba de grupo en grupo tratando de obtener información.

Me quedé despierto hasta las cuatro de la mañana. Cada cinco minutos un rifle sonaba en alguna parte, pero a eso de las doce menos cuarto se oyó una intensa ráfaga de disparos que venía desde Portobello Bridge, y que tardó un rato en enmudecer. Desde las ventanas de mi departamento uno puede escuchar el Green y, en un ángulo, Sackville Street. Quince minutos más tarde, empezaron a sentirse disparos desde el parque, una balacera intensa que habrá durado veinticinco minutos. Después, los disparos se fueron haciendo más infrecuentes, hasta cesar del todo.

Me fui a acostar a las cuatro, convencido de que el Ejército había entrado en malón al parque y lo había capturado, y que el alzamiento había llegado a su fin.

Ese fue el primer día de la insurrección.

Capítulo II

MARTES

UN DÍA SOFOCANTE, ENCAPOTADO, con un cielo crepuscular preñado de lluvia. Salí para la oficina, creyendo que la insurrección había llegado a su fin. En una esquina le pregunté a un hombre si todo había terminado. Me dijo que no, y que la situación, en todo caso, era peor.

Este fue el día que empezaron los rumores, y creo que van a pasar muchos años antes de que cesen. *The Irish Times* publicó una edición que solo incluía una proclama oficial, donde se afirmaba que ciertos individuos con malas intenciones habían quebrantado la paz, y que la situación estaba bajo control. La noticia comunicaba, en tres líneas, que había un levantamiento organizado por Sinn Féin en Dublín, y que el resto del país estaba en calma.

No llegaban periódicos ingleses ni de otras partes de Irlanda. No había entrega ni recolección de cartas. Todos los negocios en la ciudad estaban cerrados. No circulaban vehículos de ningún tipo en las calles. No había manera de obtener información alguna, y las únicas noticias eran las que llegaban por medio de rumores.

Al parecer, el Ejército y el Estado habían sido tomados por sorpresa. Era feriado, y muchos oficiales militares se habían ido al hipódromo, o estaban de licencia en otro lado, así como varios miembros prominentes del gobierno irlandés se habían ido a Inglaterra el domingo.

Al parecer, todo lo que se había dicho el día anterior era verdad, y la ciudad de Dublín estaba completamente en manos de los Voluntarios. Habían capturado y saqueado la fábrica de galletitas Jacob's, convirtiéndola en un fuerte donde se habían atrincherado. Tenían en su poder la oficina de correos, y a su alrededor estaban construyendo barricadas de tres metros de alto con bolsas de arena, cajones y alambradas. Habían roto todas las ventanas y las habían tapado hasta la mitad con bolsas de arena, y continuamente entraban al edificio cargando una cantidad enorme de comida, vegetales y municiones. Habían cavado trincheras y estaban sitiando una de las barracas de la ciudad.

Se corría la voz de que había un contacto frecuente entre Alemania e Irlanda, sobre todo por medio de submarinos, que se acercaban a la costa para desembarcar ametralladoras, rifles y municiones. También se creía que el país entero se había sublevado, y que muchos lugares estratégicos y muchas ciudades estaban ahora en manos de los Voluntarios.

Se decía que habían copado las barracas de Cork aprovechando que los oficiales se habían ido al hipódromo de Curragh, que al no haber oficiales los hombres se habían desorganizado, y que había sido fácil tomar el lugar. Decían que los alemanes habían desembarcado de a miles, y que también habían llegado muchos irlando-americanos junto con los oficiales alemanes, munidos de una gran cantidad de equipamiento militar.

El día anterior, los Voluntarios habían proclamado la República Irlandesa. Esta ceremonia se había realizado desde la escalinata de Mansion House[6], y se decía que el manifiesto había sido leído por Pearse[7], de St. Enda's[8]. En el mástil de la casa izaron la bandera republicana de los Voluntarios, un paño de franjas verticales de color verde, blanco y naranja. Se decía que habían capturado la estación telegráfica de Kerry, y que habían transmitido noticias de la

6. Mansion House es el nombre por el que se conoce la residencia oficial del Lord Mayor (o Jefe de Gobierno) de Dublín, construida en 1715 en Dawson Street. En 1919, el parlamento revolucionario declararía allí la independencia de Irlanda, ratificando la proclama del Alzamiento de Pascua de 1916. [N. del T.]

7. Patrick Henry Pearse (1879-1916), docente, abogado, periodista, poeta y activista político. Luego de unirse a los Voluntarios y, en secreto, a la Hermandad Republicana Irlandesa (Irish Republican Brotherhood) a fines de 1913, Pearse se convirtió en el Director de la Organización Militar de los Voluntarios, y en 1915 ya encabezaba ambas organizaciones. Fue artífice y vocero del Alzamiento de Pascua, y acaso su más icónico líder. [N. del T.]

8. St. Enda's School, escuela secundaria para niños fundada por Pearse en 1908, en Dublín, con un fuerte énfasis en la cultura y el idioma irlandés. Después de cambiar de ubicación y autoridades varias veces, la escuela cerró definitivamente sus puertas en 1935. [N. del T.].

República al extranjero. Esos eran los rumores que circulaban en la calle.

También afirmaban que de noche habían venido dos barcos de Inglaterra, que desembarcaron unos ocho mil soldados. Comentaban que la oficina postal había sido atacada por una tropa de lanceros, y que los habían repelido a balazos. Es una estupidez enviar caballería a una guerra callejera.

En relación con este episodio, se dice que la gente, en especial las mujeres, apoyaban a los soldados, y que los Voluntarios fueron asediados por ellas a ladrillazos, botellazos y palazos, al grito de: "¿Quieren lastimar a estos pobres hombres?".

Había otras mujeres furibundas que amenazaban a los Voluntarios dirigiéndoles esta petrificante pregunta: "¿Quieren lastimar a estos pobres caballos?".

No cabe duda, la mejor gente del mundo vive en Dublín.

Los lanceros se retiraron hacia el fondo de Sackville Street, donde permanecieron durante un rato, en medio de una multitud que se puso a acariciarles los caballos. Les debe haber parecido una insurrección bastante curiosa. Es decir, si no conocían Irlanda.

En los alrededores de la oficina de correos, a los Voluntarios se les complicó un poco lidiar con la gente que se les acercaba mientras estaban preparando la barricada, lo que entorpecía en cierta medida sus maniobras. Uno de los Voluntarios era particularmente notable. Tenía un paraguas de mujer en la mano, y cada vez que alguien se ponía demasiado molesto, el tipo saltaba la barricada y lo perseguía media cuadra, dándole paraguazos en la cabeza. Se decía que lo increíble no era que Irlanda estuviera en guerra, sino que, después de tantas horas, el paraguas siguiera sin romperse. Se hablaba de un ataque nocturno de los Voluntarios en los muelles, donde supuestamente habían tomado por sorpresa al Ejército y capturado seis carretillas de municiones. Lo más probable es que esto fuera falso. También decían que los Voluntarios habían hecho estallar el arsenal en Phoenix Park.

Hubo saqueos por la noche cerca de Sackville Street, y se rumoreaba que los Voluntarios habían fusilado a veinte de los saqueadores.

Los negocios afectados fueron mayormente mercerías, zapaterías y tiendas de golosinas. Se saquearon muchísimas tiendas de golosinas, y de hecho este tipo de local fue el blanco predilecto de los saqueadores durante toda la insurrección. Hay algo cómico en la idea misma, algo casi inocente e infantil. Es posible que la mayoría de los saqueadores fueran chicos, dándose el atracón de sus vidas. Probaron golosinas que nunca habían probado antes, y que nunca volverán a probar en esta vida, y hasta el día de su muerte la insurrección de 1916 tendrá, para ellos, un sabor dulce.

Fui al Green. En la esquina de Merrion Row, había un caballo tirado en el sendero, en un charco de sangre. Tenía dos heridas de bala, pero la sangre le brotaba de la garganta. Se la habían cortado. Del otro lado de la reja del parque podían verse cuatro cuerpos tirados en el piso. Eran voluntarios muertos.

La lluvia caía ahora con persistencia, y con igual persistencia los francotiradores intercambiaban balazos desde el Green y el Shelbourne Hotel. A cierta distancia, pasando el hotel, vi a otro Voluntario tirado en un banco, justo del otro lado de las rejas. No estaba muerto, ya que cada tanto movía débilmente la mano, pidiendo ayuda; la mano estaba totalmente roja, teñida de sangre. No se le veía la cara. Era apenas una masa fofa, castigada sin misericordia por la lluvia, empapada y amorfa. Daba pena verlo. Sus compañeros no lo podían rescatar, porque el lugar estaba en la mira de los francotiradores apostados en el Shelbourne. Algunas personas que estaban presenciando la escena me dijeron que ya habían hecho varios intentos de rescatarlo, pero que iba a tener que quedarse ahí hasta que cayera la noche.

También había francotiradores en las ventanas y el techo de Trinity College, pero los del Shelbourne Hotel deben haber significado un problema particularmente serio para los Voluntarios en el Green.

De regreso, me quedé un rato enfrente del hotel para contar los disparos que habían impactado contra las ventanas. En las de la planta baja se veían catorce balazos. Los orificios eran muy prolijos, y cada uno estaba rodeado por una especie de asterisco: las balas habían atravesado el vidrio, pero no lo habían partido. En tres lugares las ventanas tenían agujeros que iban de los 15 a los 30 cm de alto y de ancho. Seguramente habían disparado varios rifles a la vez contra el mismo lugar. Dentro del Shelbourne Hotel la situación debe haber sido tan difícil como en el Green.

Una mujer que vivía en Baggot Street me dijo que había pasado toda la noche en vela, y que junto a sus vecinos les habían llevado té y pan a los soldados que ahora copaban la calle entera. El oficial con el que ella habló había realizado dos o tres ataques para que los Voluntarios abrieran fuego, y así poder estimar dónde estaban, cuántos eran, etc., y le dijo que calculaba que habría unos tres mil, bien equipados, en el Green, y que como él apenas tenía mil soldados, no podía darse el lujo de emprender un ataque en serio, y que su objetivo era meramente contenerlos donde estaban.

Afirman que los militares recuperaron la estación de Amiens Street; otras estaciones, según dicen, siguen en posesión de los Voluntarios.

Corre el rumor de que a las doce del lunes un oficial inglés entró a la oficina de correos y exigió dos estampillas de un penique, para el asombro de los Voluntarios presentes. Pensó que sus uniformes eran los de cualquier empleado postal. Lo arrestaron, y lo más probable es que siga tratando de entender lo sucedido. En la oficina de correos tenían prisioneros a varios soldados, y dicen que estos hombres se acostumbraron enseguida a las privaciones de su condición, y que estaban muy ocupados pelando papas para la comida que compartirían luego con sus captores.

Hoy más temprano me encontré con un tipo fuera de sí, que escupía rumores como si en vez de boca tuviera una ametralladora o un linotipo. Se creía todo lo que escuchaba, y todo lo que escuchaba pasaba a ser, como por arte de magia, una señal de que sus expectativas iban a cumplirse, expectativas violentamente anti-inglesas. Aplastaba de inmediato cualquier rumor contrario a sus ilusiones con tres rumores optimistas, y lo hacía de un modo triunfal. En uno solo de los desembarques que él describía habrían llegado quince mil hombres. Los otros probablemente superaran ese número. Toda la ciudad de Cork estaba en manos de los Voluntarios y, en ese sentido, podía decirse que allí reinaba la paz. Los buques de guerra alemanes habían derrotado a los ingleses, y estaban mandando refuerzos a toda velocidad por los cuatro costados. El país entero estaba a su merced, y los rebeldes ya superaban numéricamente al destacamento del Ejército en una proporción de cien a uno. Las barracas de Dublín que faltaban por capturar ahora estaban siendo asediadas, y se encontraban a punto de rendirse.

Creo que este hombre creaba y difundía cada uno de los rumores que corrían por Dublín, y era el único al que había visto elegir sin medias tintas uno de los dos bandos. Me dijo adiós y se fue, y cuando me di vuelta lo vi descargando sus noticias en el oído de un pobre transeúnte boquiabierto, al que había detenido con ese único propósito. Casi volví para escuchar lo que decía y comprobar si le contaba la misma historia o si la cambiaba hasta convertirla en otra completamente nueva, porque lo cierto es que estoy interesado en el arte de la narración.

A las once dejó de llover, y a la lluvia le siguió una noche espléndida, ventosa, estrellada, y llena de nubes que cruzaban continuamente el cielo. Esta noche esperábamos visitas, pero es posible que el ruido de las armas haya espantado a la mayoría. Solo vinieron tres, y nos quedamos escuchando con ellos desde mi ventana cómo en el Green las armas se desafiaban y se contestaban mutuamente, y cómo, más lejos, los francotiradores de Trinity seguían disparando, y cómo, más lejos aún, se libraba una guerra en Sackville Street. El fuego era bastante intenso, y a menudo se oían ráfagas breves de ametralladora.

Una de las historias que circulaban era que los Voluntarios habían tomado el hospicio de South Dublin Union, lo habían ocupado y habían cavado trincheras alrededor de la propiedad. Habían sido atacados ferozmente por el Ejército, el cual, después de perder a ciento cincuenta hombres, logró capturar el edificio. Según se decía, cuando el combate estaba por terminar, un oficial a cargo les ofreció rendirse, pero los Voluntarios contestaron que no estaban ahí para rendirse. Estaban ahí para que los mataran. Era un destacamento de cincuenta hombres, y según contaban los habían matado a todos.

Capítulo III

MIÉRCOLES

ANOCHE NO ME DORMÍ hasta las tres de la madrugada, y durante horas los disparos de ametralladoras y rifles fueron incesantes. Esta mañana hay un sol radiante, y la calle está más animada que antes. El flujo de movimiento siempre termina empujando a la gente a formar grupitos, y las personas van inútilmente de uno al otro buscando información, quedando muy satisfechas si el rumor que les cuentan difiere aunque sea mínimamente del que acaban de contar ellas mismas.

Lo primero que escuché fue que el Green había sido tomado por el Ejército; lo segundo fue que los Voluntarios lo habían tomado de nuevo; lo tercero fue que en realidad nunca lo había tomado nadie. Por último, se supo que el Green no había sido ocupado por los soldados, sino que los Voluntarios se habían retirado para desplazarse a un edificio que dominaba el parque. Este edificio resultó ser el Colegio de Cirujanos, en cuyas ventanas y terraza se habían apostado sus francotiradores. En la terraza también habían montado una ametralladora; el Ejército, sin embargo, había preparado sus propias ametralladoras en las terrazas del Shelbourne Hotel, el United Service Club y el Alexandra Club. Así, se armó un duelo triangular entre estas posiciones, separadas por los árboles del parque.

A través de las rejas del Green podían verse algunos rifles y cartucheras en el suelo, así como las trincheras abandonadas y los agujeros que antes ocupaban los francotiradores. Había muchos niños pequeños que se acercaban corriendo a ver estas cosas, antes de salir corriendo de nuevo, con las balas mordiéndoles los talones. Los niños pequeños no creen que nadie vaya a matarlos de verdad, pero a varios los terminaron matando.

El caballo muerto seguía tirado en el sendero, tieso y deprimente. Esta mañana un cañonero remontó el Liffey y se sumó al bombardeo de Liberty Hall[9]. El Hall quedó destruido, inutilizable. Se rumorea que el lugar estaba vacío cuando lo bombardearon, y que Connolly ya se había marchado mucho antes con sus hombres a la oficina de correos y al Green. La misma fuente asegura que tres mil voluntarios vinieron de Belfast en un tren de excursión y se instalaron en la oficina de correos. Hoy solo vino a trabajar uno de mis empleados. Dijo que había subido a la terraza y

---

9. A principios del siglo XX, Liberty Hall era la sede del Sindicato General de Trabajadores y Transporte de Irlanda, y del Ejército Ciudadano Irlandés (Irish Citizen Army) liderado por James Connolly. [N. del T.]

le habían tratado de disparar, y por lo tanto que los Voluntarios habían tomado algunas de las casas vecinas. Fui a la terraza y me quedé ahí durante media hora. No disparó nadie, pero el tiroteo que se oía desde Sackville Street era continuo y por momentos extremadamente intenso.

Hoy se publicó *The Irish Times*. Incluye una nueva proclama militar, asegura que el país está en paz, e informa que en Sackville Street algunas casas fueron incendiadas hasta los cimientos.

En las rejas de afuera colgaron un comunicado en el que se declaraba la ley marcial.

El hecho de que el periódico recalcara que reinaba la paz en toda Irlanda parecía traslucir menos seguridad que inquietud, y uno se preguntaba si el país en verdad estaba tan tranquilo como para despachar el asunto en tres renglones. Hay o bien demasiada calma o bien demasiada reticencia; en cualquier caso, va a pasar un buen tiempo hasta que tengamos noticias de lo que sucede fuera de Dublín.

Mientras tanto, había un sol radiante. Era un día precioso, y las calles que estaban fuera o alrededor de las zonas de guerra parecían animadas, incluso alegres. En las calles de Dublín no se veían caras taciturnas. Casi todos sonreían y se mostraban muy corteses, y compartían cierto espíritu democrático, algo a lo que nuestra ciudad no está para nada acostumbrada: aunque en privado seamos sociables y charlatanes, en la calle carecemos totalmente de modales o del menor don de gentes. Todo el mundo le hablaba a todo el mundo, y los hombres y las mujeres se mezclaban y charlaban sin ningún prurito.

¿La ciudad estaba a favor o en contra de los Voluntarios? ¿O estaba a favor de los Voluntarios, aunque en contra del alzamiento? Ahora se piensa (estoy escribiendo esto uno o dos días después) que Dublín se oponía tajantemente a los Voluntarios, pero en este día del que escribo nadie podría haberlo afirmado con certeza. Había una singular reticencia a tocar el tema. Los hombres se reunían y hablaban hasta por los codos, pero no decían nada que revelara ningún deseo o convicción personal. Pedían e intercambiaban las últimas noticias, o mejor dicho los últimos rumores, y si bien con frecuencia expresaban su asombro ante el carácter repentino y absoluto de lo que había sucedido, nadie se pronunciaba al respecto, ni a favor ni en contra.

A veces alguien comentaba: "Van a perder, por supuesto", y su interlocutor podía deducir si formulaba esta profecía con pena o con gusto, pero la verdad es que no sabía a ciencia cierta qué opinaba, ni se lo preguntaba tampoco, como tampoco defendía él mismo a ninguno de los dos bandos.

Eso, entre los hombres.

Las mujeres eran menos cautelosas, o quizá sabían que tenían menos razones para temer. La mayor parte de las opiniones femeninas que escuché no solo eran desfavorables, sino activa y virulentamente hostiles al alzamiento. Esto era notable en la clase mejor vestida de nuestra población; por su parte, la clase peor vestida o, incluso diría, el escalafón femenino más bajo de la sociedad dublinesa, expresaba una antipatía similar, y casi en los mismos términos. Decían cosas como: "Espero que los fusilen uno por uno", o: "Deberían fusilarlos a todos". Los fusiles, de hecho, no faltaban en ningún lado. Durante el día, por lo menos, el sonido de los disparos no parece ni siniestro ni deprimente, y la idea de que la detonación que acabamos de oír tal vez haya reventado a una persona tampoco lo deprime a uno demasiado.

En estos últimos dos años de guerra mundial, han cambiado nuestras ideas sobre la muerte. Ya no es esa presencia furtiva que se arrastraba hasta nuestra cama y que combatíamos con pastillas y frascos de remedios. Ahora ha vuelto a cabalgar en el viento, y nos puede acompañar en nuestros paseos por los campos y los espacios al aire libre. Ha perdido toda su morbidez, su carácter enfermizo, y lo que ahora queda de la Muerte es pura salud y fervor. Por eso Dublín se reía del estruendo de su propio bombardeo, y no se quejaba de los muertos… durante el día. Más tarde, puertas adentro, al caer la noche, cuando en vez de hacerse el silencio se oían los ladridos mecánicos de las ametralladoras Maxim, los silbidos y alaridos de los rifles, el solemne rugido de los cañones, y el cielo se teñía de rojo, es posible que Dublín no se riera en lo más mínimo. Quizá simplemente estuviera contenta de día porque la noche había terminado.

En este día, el combate en el puente de Mount Street fue incesante. Un grupo de Voluntarios había tomado tres casas que dominaban el puente y las había fortificado. Se dice que a esta altura las bajas en el Ejército eran muy importantes. También se rumorea que los Voluntarios han tomado el edificio de South Dublin Union. Los soldados han capturado la fábrica de Guinness, mientras que sus oponentes han capturado otra fábrica de cerveza en el mismo barrio, y entre ambas el fuego cruzado es continuo.

El combate es intenso en la zona de Ringsend y a lo largo del Canal. Varias partes de Dame Street, según se decía, también estaban en manos de los Voluntarios. Caminé por esa calle pero no vi a ninguno, y no noté que nadie disparara desde las casas. Además, como las ventanas y los techos de Trinity College dominan toda Dame Street, no parece muy probable que haya Voluntarios aquí.

Era curioso ver esta calle, en otros momentos animadísima, tan desierta y espaciosa como ahora, con algunos grupitos de gente mirando desde las esquinas de las calles laterales. Vista desde atrás, la estatua de Henry Grattan en College Green parecía casi viva. Daba la impresión de que le estaba lanzando advertencias y reproches a Trinity College.

La proclama emitida hoy advierte que nadie podrá salir de su casa antes de las cinco de la mañana ni después de las siete de la tarde.

Todavía es temprano. No hay noticias de ningún tipo, y los rumores empiezan a encadenarse rápidamente y a cancelarse entre sí. Dublín está completamente aislada de Inglaterra y del mundo exterior. Y está igual de aislada del resto de Irlanda, de donde no nos llega ninguna noticia. Estamos incomunicados por tierra e incomunicados por mar, pero por ahora eso no importa demasiado.

Mientras tanto, se va extendiendo la impresión de que los Voluntarios podrían resistir durante mucho más tiempo de lo que se pensaba. Al principio se creía que la insurrección se iba a terminar a la mañana siguiente de haber empezado. Pero hoy, después de tres días, la gente está dispuesta a imaginar que tal vez dure para siempre. Casi se percibe una sensación de gratitud hacia los Voluntarios por haber logrado aguantar este tiempito, ya que si los hubieran vencido al primer o segundo día, la ciudad se habría visto humillada hasta el alma.

La gente dice: "Por supuesto, van a perder". La afirmación es casi una pregunta, y el que la formula enseguida agrega: "Pero están dando bastante pelea". Porque en Irlanda no importa mucho si uno pierde, pero sí importa haber dado pelea. "Siempre fueron de frente a combatir, y siempre cayeron"[10]. En efecto, la historia de la estirpe irlandesa se resume en esa frase.

Desde los techos de Trinity College empezaron a disparar con mayor violencia. Crucé Dame Street un poco más adelante, enfilé hacia los muelles, y caminé por la rambla hasta llegar a la Capitanía del Puerto. Seguir en esa dirección era imposible, porque dar un paso más allá de la Capitanía lo exponía a uno al incesante torrente de plomo que diluviaba desde Trinity y otros lugares. Yo miraba hacia O'Connell Bridge y Sackville Street, y el edificio que tenía enfrente era Kelly's, una casa de pesca de ladrillos rojos, ubicada mitad en la rambla y mitad en Sackville Street. Estaban destruyendo el local a los tiros.

Me puse a escuchar, y conté seis ametralladoras distintas disparándole. Innumerables rifles,

____

10 Alusión al poema "They Went Forth to Battle But They Always Fell", publicado en 1911 por Shaemus O'Sheel. [N. del T.]

desde todas partes, reventaban las ventanas a balazos, y más o menos cada treinta minutos una descarga de cañón atravesaba una de las ventanas o retumbaba contra las paredes.

El bombardeo siguió durante tres horas más, y las paredes quedaron sumidas en una nube de polvo rojo y humo. Los disparos de los rifles y las ametralladoras acribillaban centímetro a centímetro el edificio entero, y el cañón arrojaba invariablemente sus proyectiles a través de las ventanas.

A uno se le estrujaba el corazón cuando pensaba que había seres humanos acuclillados adentro de ese volcán de muerte, y dije para mis adentros: "No puede quedar ni una mosca viva en ese edificio".

No se asomó ninguna cabeza por ninguna ventana, ni hubo rifle alguno que disparara desde las ventanas o el techo como respuesta. El edificio había quedado mudo, sin vida, y pensé: "Están todos muertos, del primero hasta el último".

Fue entonces, y muy de repente, que me di cuenta de las posibilidades que ofrecía combatir en plena ciudad, y supe que no había nadie en el edificio, y me dije: "Derribaron las paredes a hachazos y ahora estarán en el edificio de al lado, o hace mucho que treparon por el tragaluz, y estarán en algún techo a media cuadra de aquí". Luego pensé: han tomado y ocupado toda Sackville Street, hasta la oficina de correos. Más tarde se vio que así era. En ese momento supe que Sackville Street estaba condenada.

Seguí viendo cómo bombardeaban la casa, pero ya sin la angustia que me desgarraba antes. Había cuatro hombres cerca de donde yo estaba y, a unos metros, agrupados en un callejón, habría una docena más. Una chica muy agitada avanzaba dando zancadas desde el grupo más alejado hacia el grupo en el que estaba yo, increpando a los hombres en el lenguaje más obsceno que hubiera escuchado en toda mi vida. Los increpaba uno por uno, y no paraba de hablar y llorar y gritar con esa paciencia obstinada y furiosa de la que solo es capaz una mujer.

Nos maldijo a todos. Le deseó enfermedades a todos los seres humanos sobre la faz de la tierra, exceptuando únicamente a los hombres que estaban siendo acribillados. Les exigió a los del callejón que como mínimo marcharan hasta la calle y demostraran que eran hombres orgullosos, que no le tenían miedo a las balas. Ella misma había estado en la zona de fuego. Ella misma se había interpuesto entre el edificio y las armas, y estando ahí parada había maldecido hasta el cansancio durante media hora, y quería que los hombres hicieran, como mínimo, lo que había hecho ella.

Era muy joven —tendría unos diecinueve años—, y estaba vestida con el chal y delantal típicos de su clase. De cara era bastante linda, o tenía esos lindos rasgos finos y suaves propios de la juventud. Pero cada frase que pronunciaba contenía media docena de palabras indecentes. Lamentablemente, su vocabulario no estaba a la altura de sus emociones, o no sabía cómo ser enfática sin ser obscena, principal motivo por el cual uno escucha tantas malas palabras sin razón día tras día. Me habló durante un minuto, con una mirada suave como la de un gatito y un lenguaje tan amable como su mirada. Me pidió un fósforo para encender un cigarrillo, pero no tenía ninguno, y le dije que yo también quería uno. Unos minutos después me lo trajo, y luego retomó su incansable cantinela, hilando seis obscenidades para formar cientos de oraciones tontas.

A eso de las cinco cesó el fuego contra Kelly's.

Para alguien sin mucha experiencia en estas cosas, los daños al edificio no parecían tan graves, pero después uno veía que, si bien las paredes seguían en su lugar, aparentemente tan sólidas como siempre, toda la parte interior del edificio había desaparecido. Desde el techo hasta el sótano, el local había quedado más pelado que cucha de perro. Adentro ya no había pisos, solo un único espacio vacío, con el suelo cubierto de los escombros y ruinas de lo que antes habían sido el techo, los pisos y los muebles. Todo en el interior había sido destruido y pulverizado, y los únicos objetos reconocibles que mantenían su antigua forma eran los ladrillos que habían caído ante los proyectiles.

Ahora los disparos de los rifles apuntaban contra el edificio en el otro extremo de la calle, una joyería llamada Hopkins & Hopkins. El impacto de las balas contra los ladrillos hacía más ruido que la detonación de los disparos inmediatamente posteriores, y cada bala que daba contra el local provocaba una lluvia de polvo rojo de las paredes. En total, habrán disparado treinta o cuarenta veces, y luego, salvo algún que otro tiro aislado, el fuego cesó.

Durante todo ese tiempo, no hubo respuesta alguna de los Voluntarios, y deduje que estarían ahorrando municiones, y por lo tanto que no les debía quedar mucha, y que la insurrección acabaría en cuestión de días. Todo esto, pensé, llegará a su fin en unos pocos días, y a ellos les llegará su fin también; la vida en la ciudad volverá a ser exactamente como era antes y, salvo el hecho de que algunas tumbas tendrán nuevos ocupantes, todo seguirá igual que siempre, hasta que ellos mismos se conviertan en parte de la tradición y del imaginario del pueblo.

Hablé con algunas personas que estaban cerca, y vi que tenían el mismo entusiasmo por intercambiar noticias que el resto de la gente con la que había hablado en otras partes de la ciudad, y la misma reticencia a dar su propia opinión. De hecho, dos de las personas con las que hablé ahí hicieron algo que ninguna de las otras que conocí durante el alzamiento hizo: expresaron, si bien en términos moderados, su admiración por los Voluntarios, y aunque no los defendieron, tampoco los criticaron. Uno era obrero, el otro un *gentleman*. Este último observó:

—Soy irlandés y —aquí señaló los proyectiles que estaban reventando las ventanas delante de nosotros— detesto ver que le hagan esto a otros irlandeses.

Había venido de no sé qué parte del país a pasar las pascuas en Dublín, y ahora no podía volver.

El obrero —tendría unos cincuenta y seis años— habló del alzamiento en voz baja y con mucha tranquilidad. Era una clase de persona con la que yo casi no me había topado, y me sorprendió lo bien que hablaba, su sencillez, la calma que reflejaban sus ideas. Creía que había más laboristas en este movimiento de lo que se pensaba. Le mencioné que habían destruido Liberty Hall, y que la guarnición se había rendido o había muerto. Me respondió que esa mañana un cañonero había remontado el río y volado Liberty Hall en pedazos, pero sin que hubiera nadie en el interior del edificio. Todos los Voluntarios Laboristas habían marchado con Connolly[11] a la oficina de correos.

Me dijo que los Voluntarios Laboristas –o el Ejército Ciudadano, como se autodenominaban– posiblemente fueran unos mil, sin duda no menos de ochocientos, y sostuvo que siempre habían tomado la precaución de no revelar cuántos hombres integraban sus filas. Siempre declaraban ser unos doscientos cincuenta, y nunca habían mostrado más miembros en público al mismo tiempo. Los obreros, agregó, sabían que los hombres que marchaban nunca eran los mismos. La policía también lo sabía, pero deducía que el Ejército Ciudadano era la fuerza con mayor cantidad de deserciones del mundo.

Los laboristas, sin embargo, no eran ningunos desertores. Uno no abandona a un hombre como Connolly, aclaró. Simplemente, se turnaban para los ejercicios y el adiestramiento. Se habían organizado contra la policía, que en la huelga general dos años

---

11. James Connolly (1868-1916), activista republicano y socialista. Promovió la formación del Partido Republicano Socialista Irlandés y, en 1903, fue uno de los fundadores del Partido Socialista Laborista en Irlanda. Mano derecha de James Larkin en el Sindicato de Trabajadores y Transporte Irlandés, fundó el Partido Laborista Irlandés en 1912 y el Ejército Ciudadano Irlandés en 1913. Al mando de este último, Connolly unió fuerzas con la IRB, a la que no pertenecía, para organizar y liderar el Alzamiento de Pascua. [N. del T.].

atrás los había tratado con una ferocidad inusitada. Después de eso decidieron que la policía nunca volvería a agarrarlos desprevenidos.

Él creía que hasta el último miembro del Ejército Ciudadano había seguido a su líder.

–Esos hombres, me consta –dijo–, no le tienen miedo a nada. Y ahora están en la oficina de correos.

–¿Tienen alguna chance?

–Ninguna –contestó–. Y nunca dijeron tenerla, ni pensaron que fueran a tenerla.

–¿Cuánto tiempo le parece que van a poder aguantar?

Hizo un gesto con la cabeza para indicar el edificio que acababa de ser destruido a cañonazos.

–Con eso los van a sacar enseguida –fue su respuesta.

Luego anunció:

–Me voy a casa. Se deben estar preguntando si estoy vivo o muerto.

Y se fue caminando por esa calle tristísima, como hice yo mismo unos pocos minutos después.

Capítulo IV

JUEVES

NUEVAMENTE, EN TODOS LADOS lo recibían a uno con rumores. Tal lugar había caído y no había caído. Tal otra posición había sido capturada por los soldados, recapturada por los Voluntarios, y no había sido capturada por nadie en ningún momento. De lo que no quedaban dudas era que el combate seguía su curso. En Mount Street, los disparos de los rifles eran continuos, igual que las idas y venidas de las ambulancias por la zona. Algunos hablaban de batallas campales en el puente, y decían que todavía tenían la ventaja los Voluntarios.

A las 11:30 empezó a oírse el sonido de los cañones pesados disparando en dirección a Sackville Street. Subí a la terraza y me quedé ahí un rato. Desde esa altura los sonidos podían escucharse bien. Los disparos eran constantes a lo largo de la línea central de la ciudad, desde St. Stephen's Green hasta Trinity College, y desde ahí hasta Sackville Street, y por el sonido podían identificarse fácilmente los distintos tipos de armas. Había rifles, ametralladoras y cañones muy pesados. También se oía otra cosa que no supe identificar, algo que retumbaba por encima de todos los demás sonidos, un ladrido breve y repentino, o más bien un ruido breve similar al que haría una botella gigante al descorcharse.

Me crucé con D. H.[12]. Más que nada, está asombrado ante la capacidad de organización que han mostrado los Voluntarios. Intercambiamos rumores y descubrimos que nuestro inventario en ese sentido es casi idéntico. Dice que mataron a Sheehy Skeffington. Que en el edificio donde lo arrestaron encontraron armas, y que lo ejecutaron en el acto.

Espero que esto sea solo un rumor, porque hasta donde sé, él no estaba con los Voluntarios, y dicen que se oponía al uso de la violencia que ellos preconizaban. Pero la noticia de su muerte circula tanto que uno se ve inclinado a creerla.

Era el hombre más absurdamente valiente que yo haya conocido o del que haya oído hablar. Se involucró en cada uno de los problemas que atravesó Irlanda en estos últimos diez años, poniéndose siempre del bando más generoso y, en consecuencia, naturalmente, siempre estaba en el bando menos popular y más débil. De hecho, parecía bastar con que una causa fuera débil para que él simpatizara con

---

12. Douglas Hyde (1860-1949), lingüista y académico, impulsor del renacimiento gaélico, primer presidente de la Liga Gaélica, y más tarde primer Presidente de Irlanda (1938-1945). [N. del T.]

ella, y sus simpatías nunca tardaban en hacerse públicas. Hay muchísimas personas de buen corazón que "simpatizan" con tal o cual causa y, después de prodigar expresiones de apoyo y emoción, no vuelven a prodigarlas, ni llegan nunca a prodigar ninguna otra cosa. Él, en cambio, salía de inmediato a la calle. Una piedra grande, el reborde de un sendero, la base de una estatua, cualquier lugar y todos los lugares eran para él un púlpito; y ante las fauces abiertas de cualquier tipo de opresión, desastre o poder, él decía lo que pensaba.

Hay muchísimos hombres en Dublín de toda clase social y credo que pueden alardear de haberle pegado una patada, o de haberle dado un bastonazo o un paraguazo en la cabeza, o una trompada en la cara, y de haberle saltado encima cuando estaba en el piso. No sería exagerado en lo más mínimo decir que le han hecho todas esas cosas, ni tampoco decir que él no le guardaba rencor a nadie, y que aceptaba los golpes, las indignidades y burlas con la patética inocencia de un niño disfrazado de hombre, que no puede sacarse el disfraz. Su lengua, su pluma, su cuerpo, todo lo que tenía y lo que anhelaba lo ponía de inmediato al servicio de los débiles y oprimidos. Lo han ejecutado. Otros han corrido igual suerte, pero eran hombres que habían enfrentado las armas sabiendo que en ello había cierta justicia, por impiadosa y opresiva que fuera, porque caían ante aquellos contra quienes se habían comprometido a luchar. Él no pudo mitigar su furia o perdonarlos consolándose con un argumento parecido. Hasta el último suspiro fue un pacifista empujado a rebelarse, y debe haber pensado que quienes le daban muerte eran lisa y llanamente asesinos. Estoy seguro de que siguió despotricando contra la opresión hasta el último respiro, y que cayó asombrado de que el mundo pudiera ser como es. Ha muerto un hombre valiente y un alma pura.

Ese mismo día más tarde me crucé con su esposa en la calle. Me confirmó que habían arrestado a su marido el día anterior, pero más allá de eso no tenía noticias. Hasta dónde sé, el único crimen que había cometido fue haber convocado una asamblea de ciudadanos para designar guardias civiles que ayudaran a prevenir saqueos.

Entre otros rumores, se afirmaba con total seguridad que Madame Markievicz[13] había sido capturada en George's Street y llevada al Castillo de Dublín. También se decía que Sir Roger Casement había sido capturado en alta mar y que lo habían fusilado en la Torre de Londres. De hecho, circulan los nombres de varios líderes de los Voluntarios a los que supuestamente ya mataron. Pero lo que empieza como una simple y tímida deducción se convierte enseguida, al pasar de boca en boca, en una certeza, y después ya nadie es capaz de escuchar la verdad sin considerarla más que un rumor, del que no se

---

13. Constance Georgine Markievicz (1868-1927), revolucionaria, política, sufragista y socialista irlandesa. Miembro del Ejército Ciudadano desde 1913, participó activamente del Alzamiento de Pascua en la lucha armada contra el Ejército y la policía. En 1919 se convirtió en la primera mujer elegida para integrar la Cámara de los Lores en Inglaterra (aunque, siguiendo la política de su partido, se abstuvo de asumir la banca), y fue Ministra de Trabajo desde 1919 hasta 1922. Luchó en la Guerra Civil Irlandesa por la causa republicana y sufrió la reclusión en numerosas cárceles. [N. del T.].

creerían ni una palabra. Esta también fue una noche tranquila y hermosa, y a la vez la más siniestra y trágica de todas hasta ahora. El sonido de la artillería, los rifles, las ametralladoras y granadas no paró ni un segundo. Desde mi ventana vi un resplandor rojizo que se fue expandiendo por el cielo, trepó lentamente hasta lo más alto y se quedó ahí suspendido, brillando; el humo llegaba desde el suelo hasta las nubes, y podía ver unas chispas rojas enormes que volaban hasta alturas increíbles; mientras tanto, sin pausa, en el aire sosegado de la noche, hora tras hora se oía el zumbido, el estruendo y el fragor de las armas, pero también, más allá de las armas, el silencio.

Pues esta insurrección se libra en medio de un silencio sepulcral, y uno se imagina qué sentirán esos hombres, en su mayoría jóvenes y poco acostumbrados a la violencia, al someterse silenciosamente al tumulto y las llamas y las explosiones que los rodean.

Capítulo V

VIERNES

ESTA MAÑANA NO HAY periódicos, no hay pan, no hay leche, no hay noticias. Es un día de sol, y en la calle la gente se muestra animada, pero discreta. Todos siguen hablando entre sí sin hacer distinciones de clase, pero nadie sabe lo que piensa el otro.

Es un poco singular que haya tanta gente sonriendo. Me imagino que anoche habrán escuchado el ruido de las armas, y que esta mañana sonríen porque ya no está oscuro, y porque es un día soleado, y porque pueden mover sus extremidades en el espacio y hablar sin tener que susurrar. El sonido de las armas no es tan terrible de día como de noche, y nadie puede sentirse solo mientras brille el sol.

Los hombres sonríen, pero las mujeres directamente se ríen, y su risa no molesta, porque todo lo que hacen las mujeres, sin importar las circunstancias, siempre parece tener una justificación propia. Parece justificado que griten cuando corren un peligro inminente, y parece justificado que se rían cuando el peligro lo corren otros.

Esta mañana circula el rumor de que han incendiado Sackville Street y la han arrasado hasta los cimientos. Dicen que se avecina el final, y también dicen que la situación, en cualquier caso, es menos alentadora que preocupante. Que los Voluntarios han abandonado algunos de sus puntos de resistencia y se han atrincherado, y que en un solo lugar (South Lotts) tienen siete ametralladoras. Que cuando los edificios que ocupan se vuelven indefendibles, salen corriendo y toman otros, y que gracias a estas tácticas no parece haber razón alguna para creer que la insurrección vaya a terminarse nunca. Que las calles están llenas de voluntarios vestidos de civil, pero con revólveres en los bolsillos. Que las calles están llenas de soldados igual de armados y vestidos de civil también, y que mientas menos hable uno del tema, menos se expone.

Según lo que pude tantear, el ánimo de la gente definitivamente se inclinaba en contra de los Voluntarios, pero eran muy pocos los que estaban dispuestos a hablar del tema, y a los demás, los que evitaban comprometerse, siempre tan sonrientes y corteses, tan predispuestos a dar charla, uno los examinaba con mucha curiosidad, tratando de leer en su mirada, en su actitud, incluso en el corte de su ropa, qué reflexiones y cavilaciones secretas se les estarían cruzando por la mente.

Me dio la impresión de que a muchos de ellos no les importaba en lo más mínimo quién ganara, y de que otros habían dejado de ser criaturas pensantes para convertirse en meras máquinas limitadas a registrar las sensaciones del momento.

Ninguna de estas personas estaba preparada para la Insurrección. El hecho se les había venido encima tan de repente que no podían decidir de qué lado estaban, y se sentían tan ajenas al conflicto que habrían sido capaces de apostar al respecto, como uno apuesta en una carrera de caballos o una pelea de perros.

Muchas tropas inglesas han ido desembarcando noche tras noche, y se cree que hay más de sesenta mil soldados en Dublín solamente, y que cuentan con todos los recursos ofensivos que el arte militar haya inventado.

Merrion Square se encuentra bajo el dominio absoluto de los ingleses. Apostados a lo largo de la calle, en ambos lados, a una distancia de unos veinte pasos entre soldado y soldado, los ingleses disparan continuamente contra los techos de los edificios circundantes en la manzana. Se dice que los Voluntarios han copado todos esos techos, desde el puente de Mount Street hasta Merrion Square, así como grandes partes de la ciudad.

Parecen haber estudiado los techos con tanta minuciosidad como antes habían estudiado las calles, y ahí se los ve tan ligeros, hábiles y cómodos, que a los soldados les va a resultar dificilísimo combatirlos, amén de peligroso.

Sin embargo, así y todo, no se pueden quedar en los techos para siempre. Ahí arriba no hay medio de transporte o reabastecimiento posible, y en poco tiempo se van a quedar sin municiones y sin comida. Es el principio del fin, y el hecho de que se hayan visto obligados a subirse a los techos, por más que estuviera planeado, significa que están perdidos.

Desde los techos llega el sonido de las ametralladoras. Si uno mira hacia Sackville Street, en general distingue de inmediato la esbelta Columna de Nelson, que domina el resto de las construcciones del barrio. Hoy está envuelta en humo. Otro edificio altísimo era el del café de la Dublin Bread Company. Su pagoda chinesca era un punto de referencia fácil de ubicar, pero hoy no la vi por ninguna parte. Se había esfumado, y entonces supe que, incluso si no era cierto que hubieran volado Sackville Street por los aires, como insistían los rumores, lo que era seguro era que esta gran cafetería había perdido el techo entero, si es que no habían destruido el local por completo.

En los empedrados encontré pedazos de papel quemado y carbonizado. Deben haber volado muy alto, para pasar por encima de todos los techos que separan Sackville Street de Merrion Square. A las once el tiroteo es constante, al igual que los disparos de los francotiradores desde Mount Street, y estos sonidos se duplican por toda la ciudad.

Dicen que en Camden Street el combate ha sido muy intenso, con una enorme cantidad de bajas. Un hombre vio cómo los soldados sacaban a dos voluntarios de un edificio. Los hicieron arrodillar en medio de la calle, y un minuto después de haber sido capturados ya estaban muertos. En el acto, varios de los soldados que los acababan de fusilar cayeron a su vez por otra balacera.

A un oficial aquí cerca le volaron la cabeza, y salpicó toda la calzada. Una chica joven se acercó corriendo, levantó la gorra y fue metiendo los sesos adentro. Después cubrió estos restos lamentables con un poco de paja, y llevó la gorra respetuosamente al hospital más cercano, para que pudieran enterrar el cerebro con su dueño.

El resto de la historia era menos lúgubre, aunque no por eso afectó menos a mi interlocutora:

—No queda —dijo— ni un solo gato ni un solo perro vivos en Camden Street. Están despatarrados, tiesos, en la calle y en los techos. Muchas mujeres van a lamentar esta guerra —agregó—, y a todas las mascotas que les mataron.

En muchas partes de la ciudad, el hambre estaba empezando a convertirse en un problema grave. Una chica me dijo que con su familia, y otra familia más que se había refugiado bajo el mismo techo, habían pasado tres días sin comer. Hoy su padre pudo sacar dos hormas de pan de algún lado, y las llevó a la casa.

—Cuando entró con el pan —dijo la chica—, fuimos los catorce corriendo, y un minuto después nos moríamos de vergüenza, porque ya no quedaba ni una miga, y teníamos tanta hambre como antes. El pobre —añadió— ni siquiera pudo probar bocado.

La gente más pobre, agregó la chica, estaba en contra de los Voluntarios.

Estos todavía ocupan Jacob's, la fábrica de galletitas. Corre el rumor de que un cura fue a visitarlos y les aconsejó rendirse, y que ellos le contestaron que no habían ido hasta ahí para rendirse, sino para que los mataran. Le pidieron que les diera la absolución y, según cuentan, el cura se negó, pero esto (la última parte de la historia) no es fácil de verificar. El hospital Adelaide está cerca de Jacob's, y es posible que la cercanía del hospital retrase o impida realizar maniobras militares contra la fábrica.

Los disparos de rifle son incesantes en la zona de Merrion Square, y también pueden oírse largas ráfagas de ametralladora.

Por la noche, el sonido de las armas fue intenso y parecía provenir de casi todas partes, y desde Sackville Street llegaba un resplandor rojizo, señal más fuego.

Se hace difícil acostarse de noche. Hasta se hace difícil sentarse, porque cuando uno se sienta inmediatamente se vuelve a poner de pie para seguir yendo y viniendo de la ventana a la pared como un tonto. Nunca he tenido tan cansados los pies como ahora, pero la verdad es que no me siento agitado. Nadie en Dublín está agitado, pero sí se percibe un estado de tensión y expectativa que es más exasperante mentalmente que cualquier agitación. La falta de noticias es la principal responsable. No sabemos qué pasó, qué pasa, ni qué pasará, y este regreso a la barbarie (ya que la barbarie es mayormente la ausencia de noticias) nos inquieta.

Cada noche, cuando por fin nos acostamos, murmuramos: "Me pregunto si mañana se terminará todo". Esta noche no fue la excepción.

Capítulo VI

SÁBADO

ESTA MAÑANA TAMPOCO HUBO pan, tampoco hubo leche, tampoco hubo carne, y tampoco hubo periódicos, pero es un día de sol. Es asombroso que, recién empezada la primavera, esté tan lindo el tiempo.

Se dice, sin asomo de duda, que los ingleses han tomado la oficina de correos, y también se afirma sin asomo de duda que no la tomaron. Los accesos a Merrion Square están custodiados por los militares, y no me dejaron pasar para ir a mi oficina. Cuando llegué ahí, los soldados empezaron a disparar contra un automóvil que no se había detenido al recibir la orden. Otras personas que vieron lo sucedido me dijeron que se trataba del coche de Sir Horace Plunkett[14], quien habría sido alcanzado por

---

14. Sir Horace Curzon Plunkett (1854-1932), reformista agrario, parlamentario, unionista, senador y autor angloirlandés. [N. del T.]

las balas. Más tarde nos enteramos de que Plunkett estaba sano y salvo, pero su sobrino, el que conducía el coche, quedó herido de gravedad.

Mientras tanto, circulaba el persistente rumor de que Verdún había caído en manos de Alemania. Más tarde lo desmintieron, como desmintieron también el rumor de la liberación de Kut[15]. Vi a R.,[16] que había perdido tres días y todo su dinero para volver a su casa desde Clare. Según le dijeron, habían allanado la casa de los Skeffington y habían sacado dos muertos del edificio. Vi a Miss P., que parecía triste. No sé cuál será su posición política, pero creo que la palabra "amabilidad" resume bastante bien su actitud en todo lo que hace. Tiene un corazón de oro y el coraje de una manada de leones. Después me crucé con Bailey, el inspector municipal, que me dijo que los Voluntarios habían enviado delegados y estaban negociando las condiciones de la rendición.

---

15. El asedio de Kut Al Amara (7 de diciembre de 1915-29 de abril de 1916) fue un episodio de la Primera Guerra Mundial, que tuvo lugar al sur de Bagdad, en el pueblo de Kut, donde las fuerzas del Imperio Otomano asediaron una guarnición de ocho mil soldados británicos e indios. El asedio y su resultado, una de las rendiciones más humillantes para el Ejército del Reino Unido, fue en gran parte efecto de la impericia y megalomanía del General Charles Townshend. El lector curioso puede consultar al respecto Nixon, *On the Psychology of Military Incompetence*, Kent, Pimlico, 1994, pp. 95-109. [N. del T.].

16 George Russell. Según Nicholas Allen, "A pesar de su larga filiación con el republicanismo, el Alzamiento de Pascua tomó a Russell, como a Yeats, por sorpresa; Russell había viajado a la casa de Edward MacLysaght en el condado de Clare en viernes santo, y no volvió a Dublín hasta el miércoles 26 de abril" (Dictionary of Irish Biography, Cambridge University Press, 2009). [N. del T.]

Espero que sea cierto, y espero que tengan piedad con estos hombres. Nadie cree que vaya a ser el caso, y muchos dicen que los fusilan en la calle, o los llevan al cuartel más cercano y los fusilan ahí. Cada vez es mayor la sensación de que ninguno de los que están participando del alzamiento va a sobrevivir cuando el alzamiento termine.

Si es así, así será. Pero hoy por hoy pensar en la muerte no nos afecta demasiado, y si la guerra en Europa llegara a extenderse durante mucho tiempo más, el miedo a la muerte abandonará por completo al hombre, como ha sucedido ya tantas veces a lo largo de la historia. Cuando desaparezca ese gran factor disuasivo, nuestros gobernantes no van a saber cómo tratar con los trabajadores en huelga y la gente descontenta. Posiblemente tendrán que desempolvar esa idea enterrada hace añares: la tortura.

La gente en la calle se ríe y charla. De hecho, hay cierta alegría en el aire, y un sol radiante, y a nadie parece importarle que en todo momento también haya hombres recibiendo balazos, siendo atravesados por bayonetas, volando en pedazos o quemándose vivos. Todo eso está pasando ahora mismo, pero en gran medida ya no importa.

Me encontré con un tipo en St. Stephen's Green que estaba dibujando un mapa en el reverso de un sobre. El problema era cómo podía llegar su interlocutor, desde donde estaba parado, hasta una calle del otro lado del río, y, según las indicaciones del dibujo, para cubrir esa distancia, de unos quince minutos a pie, iba a tener que peregrinar más de cuarenta kilómetros. Había otro chico muy joven cerca, parado y abrazado a un jamón gigante. Desde hacía tres días que trataba de llevárselo a su hermana, que vivía en un edificio cercano al Gresham Hotel. Estaba a punto de darse por vencido, y comenzaba a ver con buenos ojos, astutamente, la idea de comerse él mismo el jamón para sacárselo de encima.

Los rifles no dejaron de disparar durante todo el día; sin embargo, salvo en algunos lugares, el tiroteo no era demasiado intenso. Cada tanto se oían las ametralladoras. No había señales de artillería pesada.

Va cobrando fuerza el rumor de que han evacuado la oficina de correos, y que los Voluntarios se dieron a la fuga, y ahora están dispersándose por todos los techos. También va cobrando fuerza el rumor de que están negociando las condiciones de rendición, y que Sackville Street ha sido destruida por completo.

A las siete y media de la tarde reina una calma casi absoluta. Apenas suena algún rifle que otro cada tanto. Hoy me fui a acostar más temprano que de costumbre. A las dos de la madrugada dejé de mirar por la ventana, desde donde todavía puede verse un resplandor rojizo en dirección a Sackville Street. Mañana se sabrá si la insurrección ha terminado, pero por el momento no es el caso. Siguen retumbando disparos en los alrededores y todo a lo largo de mi calle, y el estruendo feroz de los rifles a veces crece hasta explotar en un tiroteo reiterado.

Capítulo VII

DOMINGO

LA INSURRECCIÓN TODAVÍA NO termina. Se oyen muchos rifles, pero no las ametralladoras, los cañones de 18 libras ni los morteros de trinchera. Desde la ventana de mi cocina puede verse la bandera de la República flameando a lo lejos. Es la que izaron sobre el techo de la fábrica de galletitas Jacob's, y sabré que la insurrección ha terminado ni bien alguien la saque.

Cuando salí había poca gente en la calle. Me encontré con D. H., y juntos pasamos por St. Stephen's Green. La bandera republicana aún flameaba por encima del Colegio de Cirujanos. Tratamos de seguir por Grafton Street (donde las ventanas rotas y dos locales abiertos de par en par indicaban un saqueo reciente), pero unos metros más adelante varios soldados armados nos hicieron gestos para que retrocediéramos. Así que doblamos hacia el Gaiety Theatre y salimos a Mercer's Street, donde había colas inmensas de gente esperando a que abriera la panadería del barrio. Seguimos por George's Street, con la intención de doblar en Dame Street, desde donde podríamos acercarnos lo suficiente a Sackville Street para ver si los rumores de su destrucción eran ciertos; pero aquí también nos detuvieron los militares, y nos vimos obligados a volver sobre nuestros pasos.

Ninguna de las personas con las que hablamos tenía noticias para darnos, ni siquiera rumores.

Este era el primer día que conseguía salir y alejarme aunque sea un poco de mi propio barrio, y al parecer mis vecinos eran más talentosos o inventivos a la hora de fabricar noticias que las personas que vivían en otras partes de la ciudad. Apenas regresamos, tuvimos noticias. Nos dijeron que dos de los líderes de los Voluntarios habían caído ante las balas: Pearse y Connolly. De este último se decía que estaba postrado en el hospital del Castillo de Dublín, con el fémur roto. De Pearse afirmaban que había muerto, junto con doscientos de sus hombres, cuando intentaron abandonar la oficina de correos. Las ametralladoras los habían diezmado al salir del edificio, y no quedaba ninguno con vida. Según parece, esta noticia resultó ser cierta, solo que en vez de Pearse había sido The O'Rahilly el que había muerto. Pearse murió después, y de una manera menos tumultuosa.

Un hombre que había visto un periódico inglés dijo que las tropas de Kut se habían rendido a los turcos, pero que Verdún no había caído en manos de los alemanes. También circulaba el rumor de una enorme batalla naval, en la que la flota alemana había sido totalmente destruida y los ingleses habían perdido dieciocho buques de guerra. Se decía que entre los voluntarios capturados había una gran cantidad de alemanes, pero nadie se lo creía; y este rumor siempre era seguido, invariablemente, por otro que afirmaba que había cien submarinos alemanes en el lago de St. Stephen's Green.

A las dos y media me encontré con el inspector Bailey, quien me dijo que todo había terminado, y que los voluntarios se estaban rindiendo a lo largo y ancho de la ciudad. Dos oficiales del Ejército y dos de los líderes de los Voluntarios se habían acercado hasta el Colegio de Cirujanos en un automóvil, y los habían dejado entrar. Después de un breve lapso, Madame Markievicz salió del Colegio seguida por unos cien hombres, que habían rendido sus armas; el mismo automóvil ahora estaba yendo a otros puntos de resistencia, y se esperaba que antes del anochecer la rendición fuese total.

Enfilé hacia casa, y en el camino me crucé con un hombre al que había visto hacía unos días, y que había prodigado rumores de tal modo que parecía hilarlos él mismo con la urdimbre de su propio vientre, como teje una araña su telaraña. En esa ocasión fue igual de prolífico, y era curioso escucharlo contar cómo los ingleses habían sido derrotados en todos los frentes. Anunció que Inglaterra había sido invadida en seis lugares distintos, que la flota inglesa había sido destruida por completo, y que en la costa oeste de Irlanda habían desembarcado ejércitos enteros de alemanes. Lo inventaba todo él mismo. Después se lo repetía en voz alta, y de alguna manera se terminaba convenciendo de haberse enterado de lo que estaba diciendo a través de una fuente muy confiable y muy anónima, y una vez convencido, se lo contaba a cualquiera que se le cruzara. Entre otras cosas, España habría declarado la guerra en nombre nuestro, y la armada de Chile estaría en camino para socorrernos lo antes posible. Por poco no hacía que Francia se olvidara de su propia guerra para venir volando a ayudarnos. Era un hombre singular, sin duda, y la única persona verdaderamente feliz en todo Dublín, creo yo.

Son las tres y media, y desde mi ventana todavía puede verse la bandera republicana flameando por encima de Jacob's. Cada tanto suenan algunos disparos, pero la ciudad en general está tranquila. A las cinco menos cuarto retumbó un cañonazo aislado. Diez minutos después se sintieron intensas ráfagas de ametralladora y muchos disparos de rifles. Pasados otros diez minutos, bajaron la bandera de la fábrica.

Durante el resto de la noche hubo incesantes disparos de los francotiradores y de los militares en respuesta, sobre todo en mi calle.

Empezaron a allanar casas particulares. Los militares entraron a la del Conde Plunkett y se quedaron ahí un rato larguísimo. Cuando pasé por mi casa unos dos minutos después del toque de queda, tuve que atravesar corriendo toda Fitzwilliam Square con las balas pisándome los talones. Los balazos se incrustaban al lado mío en el pavimento, y el sonido que hacían al pasarme silbando de cerca era curioso. Parecía que alguien estaba cortando algo con un serrucho muy filoso, y me dio la impresión de que, además de rápidos, los proyectiles eran pesadísimos.

No cabe duda de que enfrente de mi casa hay francotiradores apostados en los techos, y no están ahí arriba durmiendo la siesta. Quizá sea difícil comunicarles a estos grupos aislados que sus compañeros ya se han rendido, pero lo más probable es que se den cuenta de que su labor ha terminado cuando vean que va cesando el fuego en otras partes de la ciudad.

Al mirar por la ventana esta mañana vi a cuatro policías en la calle. Hacía una semana que no veía a ninguno. Dentro de poco la crónica militar llegará a su fin, el relato policial va a comenzar, y la historia política va a retomar su curso, y lo que suceda en las próximas semanas quizá siembre la semilla de un nuevo odio que podría durar siglos, pues, si bien los irlandeses no le tienen demasiado miedo a los militares, sí le temen a la policía, y por muy buenas razones.

Capítulo VIII

LA INSURRECCIÓN HA TERMINADO

LA INSURRECCIÓN HA TERMINADO, y vale la pena preguntarse qué pasó, cómo pasó, y por qué pasó. La primera pregunta es fácil de responder. La parte más valiosa de nuestra ciudad voló en pedazos y quedó reducida a cenizas. Varios soldados irlandeses que han combatido en el exterior dicen no haber visto nunca una destrucción comparable, ni en Ypres ni en ningún lugar de Francia o Flandes. Muchos de nuestros hombres, de nuestras mujeres y de nuestros niños, Voluntarios y civiles por igual, han muerto, y unos cincuenta mil ingleses, equipados por el Ejército y movilizados a Irlanda, ahora están siendo trasladados fuera del país. Inglaterra se vio afectada por el mero hecho de tener que movilizar tantos hombres y tanto material, nada más. Eso es lo que pasó, lo único que pasó.

Cómo pasó ya es otra historia, una historia que quizá no se aclare durante años. Todo lo que sabemos en Dublín es que en nuestra ciudad estalló una especie de guerra espontánea, que vivimos esa guerra durante una semana muy singular, y que esa guerra terminó y se esfumó casi tan rápido como había empezado. Los hombres que sabían del alzamiento están muertos, con dos excepciones, y esas dos excepciones están ahora en la cárcel, donde probablemente pasen un tiempo más que considerable. (Desde que escribí estas líneas, uno de estos dos hombres ha sido fusilado).

Por qué pasó es una pregunta que tal vez pueda responderse en más detalle. Pasó porque el líder del Partido Irlandés[17] no representa a su pueblo en el Parlamento de Inglaterra. El día que Inglaterra le declaró la guerra a Alemania, este hombre tomó la causa irlandesa, con todo el peso de ocho siglos de historia y tradición, y la arrojó por la ventana. Hizo que Irlanda se comprometiera a seguir un curso de acción determinado, sin autoridad para adoptar ese compromiso y sin garantía de poder cumplirlo. La precaria inteligencia de su partido y su propio carácter emocional lo traicionaron a él, nos traicionaron a nosotros, y traicionaron a Inglaterra. Afirmó que Irlanda juraba lealtad a los británicos, como si tuviese al país entero en su bolsillo y pudiera hablar en su nombre. Irlanda nunca le ha sido desleal a Inglaterra, ni siquiera hoy, por el simple motivo de que nunca le ha sido leal tampoco, y la profesión de su fe nacional

---

17. John Redmond (1856-1918), líder del Partido Parlamentario Irlandés desde 1900 hasta 1918. [N. del T.]

es algo que ha mantenido de manera incólume y de lo que todo inglés vivo está enterado, y que el país nunca ha dejado de proclamar ante el mundo entero.

¿Acaso quería que lo aplaudieran? No le habría costado nada explicar la verdadera situación de Irlanda, y declarar una neutralidad benevolente (si hubiese querido utilizar ese tipo de expresión pomposa) de parte de su país. Lo habrían aplaudido de todas formas, y en pocos meses habría logrado que Inglaterra reconociera la autonomía de Irlanda a cambio de soldados irlandeses. Habría recibido todos los beneficios políticos que Inglaterra hubiese estado en condiciones de otorgarle sin riesgo alguno. Lamentablemente, la emoción del momento le impidió recurrir a prudencias como esas. No eran lo suficientemente rimbombantes para alguien que, más que a Irlanda o Inglaterra, sentía que le estaba hablando al expectante y maravillado público del planeta entero. Así, comprometió hasta tal punto el orgullo de su país que a la pobre Irlanda no le quedó ni una mísera bandera nacional para cubrirse.

Después de la mentira explota siempre la verdad, y la verdad ya no es esa diosa radiante y serena que conocíamos o esperábamos: es una enfermedad, es una sífilis moral que hará estragos hasta que el cuerpo que infecta haya sido purgado. Redmond fue el autor de esa mentira, y debe responder ante Inglaterra por la violencia que esta se vio obligada a ejercer y de la que ahora es culpable, y a Irlanda por la desolación a la que tuvimos que someternos. Sin esa mentira, la insurrección no habría sucedido; sin esa mentira, ahora y desde hace un año ya no existiría la "cuestión irlandesa". Hace siglos, en tiempos olvidados, Irlanda debe haber cometido crímenes abominables para merecerse justo ahora un John Redmond.

Él es la causa inmediata de esta insurrección, nuestra insurrección más reciente –aunque la palabra le queda muy grande a lo sucedido: deberíamos hablar de una trifulca, un disturbio, una escaramuza, para reducir el hecho a sus verdaderas dimensiones–, pero en última instancia la culpa del conflicto entre los dos países no recae sobre Irlanda.

La culpa es de Inglaterra, y en estos días, si bien se está haciendo un esfuerzo (interrumpido, es verdad, a cañonazos) para fundar un mejor entendimiento entre las dos naciones, lo que correspondería sería que Inglaterra reconociera lo que le ha hecho a Irlanda, y que al menos tratara de compensarlo. La situación puede resumirse en una sola frase, prácticamente. Somos un país chico y ustedes, que son un país enorme, no dejan de golpearnos; somos un país pobre y ustedes, que son el país más rico del mundo, no dejan de robarnos. Es una verdad histórica, y por más que aleguen necesidades nacionales o políticas, lo cierto es que nunca le han dado a Irlanda ninguna razón para sentir el menor afecto por ustedes, y no pueden exigírselo sin caer en la hipocresía o la estupidez.

Piensan que nuestro pueblo solo es tenaz a la hora de odiar. Eso es mentira. Nuestra memoria histórica es muy tenaz, cierto; pero durante la extensísima y miserable odisea de nuestra relación, nunca nos han dado una sola muestra de generosidad que recordar, y no pueden pedirnos nuestro afecto o fervor hasta habérselos ganado. Somos gente buena, casi los únicos cristianos que quedan en el mundo; no hay nación que haya mostrado tanta tolerancia hacia sus opresores como nosotros hemos mostrado siempre hacia ustedes. No hay nación que haya perdonado a sus enemigos como nosotros los hemos perdonado a ustedes, una y otra vez a lo largo de generaciones de desdicha, y la persistencia de nuestra tolerancia solo puede compararse con la persistencia de sus maltratos. Entre nuestros dos países se alza una cortina de comerciantes y políticos que ustedes han mantenido y protegido, y que no son menos enemigos suyos que enemigos nuestros. Al final, a quienes más perjudicarán serán a ustedes, porque esto a nosotros nos ha vacunado contra la miseria y a ustedes no, y los "leales" ciudadanos que venden a su propio país por un chelín venderán a cualquier otro por un penique cuando surja la oportunidad y el riesgo para ellos sea nulo.

Por el momento, no se apuren tanto en infligirnos sus favores a punta de pistola. Lo han hecho tan seguido que ya nos estamos empezando a aburrir de sus armas, y ahora tienen una oportunidad tal vez irrepetible de ganarse nuestra amistad. Nadie les guarda rencor en Irlanda por lo sucedido en esta guerra, y eso se debe exclusivamente al comportamiento más que admirable de los soldados que han enviado aquí. Pueden entablar con Irlanda una amistad que durará por siempre si así lo desean; pero tienen que aceptar su invitación de inmediato, pues en unos meses volverá a retraerla; las viejas tensiones

y antipatías entre nosotros asomarán de nuevo la cabeza; nacerá un nuevo y nutrido rencor contra ustedes; y otro mal recuerdo se sumará al resto en la
retentiva y activa memoria de Irlanda.

Capítulo IX

LOS VOLUNTARIOS

S E HABLA MUCHO DE la extraordinaria capacidad de organización que pudo verse durante el alzamiento, pero la verdad es que de extraordinaria no tiene nada. La verdadera esencia y singularidad de la insurrección yace en su sencillez, y, exceptuando el coraje con el que se la llevó a cabo, la palabra "extraordinaria" no tiene sentido en este contexto.

Las tácticas de los Voluntarios, a juzgar por la información que ha empezado a salir a la luz, consistían apenas en la "estrategia" más rudimentaria. Esta se limitaba a tomar ciertos distritos centrales y estratégicos, fortificarlos después, y defenderlos hasta que los obligaran a abandonarlos. Una vez acuartelados, los hombres no podían usar las puertas, así que para entrar y salir recurrían a tragaluces y techos. En los techos era muy fácil ponerse a cubierto, y la movilidad que esto les otorgaba era su principal ventaja, ventaja que por sí sola les permitió extender la rebelión más allá del primer día.

Ese era básicamente todo el plan a nivel local. No cabe duda de que estudiaron con muchísimo cuidado los techos de Dublín y las diferentes maneras de pasar de uno al otro; pero no creo que hayan organizado nada más allá de eso. De todas formas, ese era solo el plan inicial: a menos que estuvieran completamente locos, debía haber alguna especie de secuela que no se materializó, y que se habría materializado de no haberse interpuesto la flota inglesa.

No cabe duda de que esperaban que el país se alzara con ellos, y debían saber con cuántos hombres contaban y cuáles eran las probabilidades de resistir durante un tiempo prolongado. La palabra "resistir" es la clave del alzamiento, y el plan seguramente era aguantar hasta una fecha puntual. En ese momento iba a suceder algo que daría vuelta la situación. Y ese algo no puede ser más que el desembarco de tropas alemanas en Irlanda o en Inglaterra. Dónde hubieran desembarcado exactamente, creo yo, no habría tenido la menor importancia para ellos; en cualquier caso, todo parecería indicar que en efecto esperaban y habían coordinado un desembarco por el estilo, aunque todavía no hay evidencia al respecto.

La hipótesis es tan lógica, tan simple, tan plausible, que uno podría aceptarla sin necesidad de seguir examinando los hechos. Y, sin embargo, es necesario seguir examinándolos, porque en un país como Irlanda la explicación más lógica y verosímil suele ser falsa. Es igual de probable que, más allá de suministrar algunas armas y algo de munición, Alemania no haya participado en lo más mínimo del alzamiento, y esto es lo que yo prefiero creer. Se sabía, desde mucho antes del alzamiento, que los voluntarios nunca podrían representar una amenaza seria para Inglaterra, y que su único objetivo era hacer suficiente ruido en Irlanda como para que la cuestión irlandesa terminara transformándose en una cuestión internacional y, cuando se negociaran las condiciones de paz tras la guerra europea, los reclamos de Irlanda fueran tenidos en cuenta por todas las naciones de Europa y del mundo entero.

Esa es, en mi opinión, la metafísica en la que se basó el alzamiento. Es muy probable que esperaran ayuda de Alemania, quizá algunos miles de hombres, que les permitiera prolongar el conflicto, pero no creo que pretendieran recibir el apoyo de ejércitos enteros de alemanes, ni que llegado el caso los hubieran recibido con la menor simpatía.

En esta insurrección hay dos cosas que la diferencian dentro de la historia de levantamientos irlandeses. La primera es que no hubo delatores infiltrados, o por lo menos no los hubo entre sus líderes. De todas formas, sí escuché a varias personas que decían haberse enterado del alzamiento dos días antes de que sucediera; invariablemente agregaban que no se lo habían creído, que la idea les había causado gracia. Un cura dijo lo mismo en mi presencia, y es posible que el rumor circulara libremente y que todos, incluidas las autoridades, se lo tomaran en broma.

Otro rasgo singular del alzamiento es el increíble silencio que reinó durante el combate. Los únicos sonidos provenían de las armas, y tanto los voluntarios como los soldados se disparaban y morían entre susurros; casi podría decirse que ambos bandos temían que los alemanes fueran a oírlos y a sacar provecho de su dilema.

Hay un tercer motivo por el cual dicen que sucedió la rebelión, y tampoco tiene nada que ver con conspiraciones extranjeras. Se decía, y esto muchos en Dublín lo daban por cierto, que el gobierno planeaba allanar las sedes de los Voluntarios y confiscar sus armas. Hoy uno recuerda el documento que el concejal Kelly leyó ante la Corporación de Dublín[18], y que supuestamente consistía en una serie de instrucciones del Estado para que el Ejército y la policía allanaran a los Voluntarios, confiscaran sus armas y arrestaran a sus líderes. Los Voluntarios, por su parte, habían jurado que no permitirían que nadie les quitara sus armas. Se presentó una lista de los lugares que se allanarían, y la noticia causó cierto revuelo en Irlanda cuando se publicó la lista esa misma tarde. La prensa, supuestamente siguiendo órdenes, declaró que el documento era falso, pero los Voluntarios, al igual que la mayor parte del público, creían que era verídico, y es más que probable que la rebelión se haya llevado a cabo para anticiparse al gobierno.

____

18. La Corporación de Dublín era el nombre que recibía el Gobierno de la Ciudad y su administración desde mediados del siglo XVII, lo que a partir de enero de 2002 se conoce como el Concejo de la Ciudad de Dublín. Thomas Kelly (1868-1942) leyó e hizo circular el documento espurio del que habla Stephens, colaborando sin saberlo con los planes de la IRB. [N. del T.].

Esto también sirve como explicación del alzamiento, y como tal no es ni mejor ni peor que las demás. Es la que yo considero cierta.

Todo lo que se dice sobre una posible invasión alemana y el desembarco de sus tropas en Irlanda es absolutamente ridículo cuando uno recuerda que Inglaterra es la reina de los mares, y que desde una semana antes de la guerra hasta el día de hoy ha dominado indisputablemente estas costas. En esta guerra no habrá ningún desembarco de tropas ni en Inglaterra ni en Irlanda a menos que Alemania logre resolver antes el problema que supone el transporte submarino. Es un problema que algún día se resolverá, dado que todo problema tiene solución, pero esto difícilmente ocurra antes de que termine la guerra. Los líderes de los Voluntarios no eran ningunos genios, pero tampoco ningunos tontos, y las dificultades de conseguir apoyo militar de Alemania les deben haber parecido tan infranqueables como a los mismos alemanes. Se alzaron porque sentían que no les quedaba otra opción si no querían ser arreados como ovejas hasta la comisaría más cercana y convertirse en los hazmerreíres de toda Irlanda por cobardes y fanfarrones.

Sería interesante saber por qué, en la víspera de la insurrección, el profesor MacNeill[19] renunció

19. Eoin MacNeill (1867-1945), académico, activista nacionalista y político irlandés, especialmente interesado en la lengua y las culturas gaélicas y el estudio de la historia medieval de Irlanda. En 1913 cofundó la organización de los Voluntarios Irlandeses, de la cual era Jefe de Estado Mayor. Fue elegido como Miembro del Parlamento en 1918 (aunque, siguiendo la línea del Sinn Féin, se abstuvo de asumir la banca) y fue designado Ministro de Educación del Estado Libre Irlandés en 1922, cargo al que renunciaría en

a la presidencia de los Voluntarios. La supuesta traición que se comentaba en las calles no es cierta, pues los hombres como él no son ningunos traidores, y por lo tanto esta teoría puede descartarse sin más. Uno se pregunta entonces qué habrá pasado durante la reunión que, según dicen, tuvo lugar justo antes del alzamiento, y que desembocó en su renuncia.

Así pienso, o imagino, que habrá ocurrido: la reunión se organizó porque los varios líderes sentían que el gobierno tramaba una operación en su contra, y que la época que estaban viviendo no podía ser más adversa. Ni Birrell[20] ni Mathew Nathan[21] tenían la menor intención de que hubiera un conflicto en Irlanda durante la guerra. Eso es indudable. Un conflicto así podría tener todo tipo de repercusiones políticas; pero, aunque el gobierno estaba a favor de una política de *laissez faire*, en Irlanda había un partido militar y político muy poderoso cuyo único objetivo era desarmar y castigar a los Voluntarios. Castigar más que desarmar, diría yo. Creo, o más bien imagino, que alguien se puso en contacto con el profesor MacNeill, a instancias de Birrell o Mathew Nathan, y le aseguró que el gobierno no planeaba

---

1925. Luego de retirarse de la política, volvió a dedicarse a la vida académica. [N. del T.].

20. Augustine Birrell (1850-1933), político británico del Partido Liberal inglés y Jefe de la Secretaría de Irlanda (1907-1916). [N. del T.]

21. Teniente Coronel Sir Matthew Nathan (1862-1939), soldado y administrador colonial británico, y Subsecretario de Irlanda (1914-1916). A pedido de Birrell, Nathan renunció a su puesto el 3 de mayo de 1916, cuatro días después de la renuncia del mismo Birrell, después de convertirse en blanco de numerosas críticas por no haber evitado el levantamiento. [N. del T.]

ningún operativo contra sus hombres, y que, siempre y cuando los Voluntarios no causaran disturbios, las autoridades no los molestarían. Supongo que MacNeill habrá ofrecido y aceptado las garantías necesarias para el caso, y cuando les informó a los demás al respecto en la reunión, y vio que nadie más creía que las autoridades cumplirían su palabra, renunció con la desesperada ilusión de que esto disuadiera al resto de llevar adelante un plan que él consideraba demente, o por lo menos imaginándose que su renuncia iba a prevenir que una parte de sus seguidores se sumara al alzamiento, limitando así la cantidad de hombres que morirían en vano.

No fue el único que votó contra un alzamiento. The O'Rahilly[22] y algunos más supuestamente hicieron lo mismo. Pero cuando se decidió que la insurrección se llevaría a cabo, The O'Rahilly marchó junto a sus hombres, y claramente alguien tan valiente como él no podría haber actuado de otro modo.

Cuando se escriba una historia confiable y documentada de lo sucedido (no sería imposible hacerlo), creo que se revelará que esto fue lo que realmente sucedió, y que la logística y el dinero de Alemania fueron factores del todo insignificantes en el alzamiento.

---

22. Michael Joseph O'Rahilly (1875-1916), mejor conocido como The O'Rehilly, republicano, activista y nacionalista irlandés, miembro de la Liga Gaélica y miembro fundador de los Voluntarios Irlandeses, organización en la cual desempeñaba el cargo de Director de Armas. No pertenecía a la IRB, pero fue el responsable del entrenamiento militar de los Voluntarios y uno de los líderes del Alzamiento de Pascua. Sin embargo, como señala Stephens, hasta el último momento se le ocultó la inminencia del alzamiento, que O'Rehilly había tratado de vetar. [N. del T.]

Capítulo X

ALGUNOS DE LOS LÍDERES

MIENTRAS TANTO, LA INSURRECCIÓN, como todas sus antecesoras históricas, ha sido suprimida en un baño de sangre. Decirlo parece un exceso de retórica, pero lo cierto es que no fue ni un baño de sopa ni un baño de tisana. Mientras duró, los hombres combatieron con gran determinación, y creo que esta ha sido, por mucho, la rebelión irlandesa más considerable hasta ahora.

El país en sí no la acompañó, pues debe recordarse que un ejército entero de irlandeses, probablemente formado por trescientos mil compatriotas nuestros, está luchando a favor de Inglaterra y no en contra. En Dublín, sin ir más lejos, casi no queda familia pobre sin un padre, un hermano o un hijo combatiendo en alguno de los muchos frentes que Inglaterra defiende. Si todo el país se hubiera alzado y peleado con el mismo fervor que los Voluntarios, no habría habido tropa capaz de vencerlos. Bueno, exagero: siempre se los podría vencer a cañonazos. Pero en cualquier caso, los irlandeses deben ver lo sucedido como un hecho indescriptiblemente trágico y lamentable, y no como algo mezquino ni poco heroico.

Ya era difícil de por sí entender que nuestros hombres en el ejército inglés estuvieran siendo masacrados debido a causas que, por más explicaciones que nos den, nunca dejarán de sernos ajenas o incluso incomprensibles; pero que los hombres que nos quedaban mueran en Irlanda luchando contra la misma Inglaterra por la que sus hermanos están luchando es algo tan enrevesado y contradictorio que ni siquiera vale la pena tratar de descifrar su sentido. Lo único que podemos hacer es pensar: "esto es algo que ha ocurrido", y dejar que "desocurra" por sí solo lo mejor posible.

Decimos que "cada ocasión encuentra a su hombre", y con eso queremos decir que, cuando una responsabilidad se hace evidente, invariablemente alguien pondrá el hombro y se calzará el yugo que todos los demás esquivan. Los que aceptan llevar esa carga no son siempre, ni siquiera con frecuencia, los grandes personajes de este mundo, sino por lo general la gente buena, ese dócil escalafón que jura lealtad a los tristes y oprimidos, con la misma soltura con la que otros se dedican a las costillas de cerdo y las mujeres fáciles. No es mi intención idealizar a ninguno de los hombres que participó en este alzamiento. De eso se encargará muy bien, en unos años, su propio país, como ya lo ha hecho antes con quienes los precedieron. Yo conocí a algunos de los líderes personalmente, y no eran ni grandes hombres ni hombres brillantes. Es decir, eran académicos antes que pensadores, y pensadores antes que hombres de acción; y creo que no había manera de que ninguno de ellos hubiera podido convertirse en lo que se dice una eminencia, ni creo tampoco que ninguno pretendiera alcanzar la distinción pública que esa palabra implica.

Sin embargo, eran buenos hombres, según lo entiendo yo; es decir, no querían hacerle mal a nadie, y usaban su cuerpo y su mente con fines que no eran ni egoístas ni malsanos. Nadie lamentó nunca haber conocido a Thomas MacDonagh[23], y yo, al menos, jamás he oído a MacDonagh hablar mal, o siquiera con rispidez, de ningún ser vivo. Se ha dicho que sus poemas son épicos; en algún sentido eso es cierto, y en el mismo sentido es cierto que su muerte fue épica también. Fue el primer líder en ser juzgado y fusilado. No le habrá sido fácil afrontar la muerte, con dos niños pequeños y una mujer tan joven, y es muy doloroso pensar que en sus últimos momentos lo atormentó el recuerdo de su familia. Todos somos fatalistas cuando nos enfrentamos contra el poder, y espero que haya conseguido dejar atrás sus preocupaciones cuando los soldados lo llevaron al patíbulo.

---

23. Thomas MacDonagh (1878-1916), activista político, dramaturgo, poeta y pedagogo irlandés. Vicerrector de St. Enda's School y miembro de la Liga Gaélica y de la IRB, fue uno de los fundadores de los Voluntarios Irlandeses y uno de los líderes del Alzamiento de Pascua, a pesar de incorporarse al Comité de Guerra secreto recién a comienzos de abril de 1916. [N. del T.].

También conocía a The O'Rahilly, pero no íntimamente, y solo puedo dar fe de su buen humor, de su cortesía, y de una energía sin límites. Era un hombre de incesantes ideas e incesantes palabras, que se reía cada vez que hablaba.

A Plunkett[24] y Pearse también los conocía, pero no íntimamente. El joven Plunkett, como le decían todos, nunca dio la impresión de ser un militante. Al igual que Pearse y MacDonagh, escribía poemas, ni mejores ni peores que los suyos. Tenía una insaciable sed de erudición de la clase más pintoresca y ardua. Estudió egipcio y sánscrito, y otras curiosidades antiguas por el estilo, y le interesaban las invenciones y el teatro. Lo juzgaron, lo condenaron y lo fusilaron.

En cuanto a Pearse, no sé dónde ubicarlo, ni qué decir al respecto. Si había un idealista entre todos los hombres que participaron de la insurrección era él, y si hubo alguien en este mundo absolutamente incapaz de liderar una insurrección, era él también. Nunca pude "palpar" o sentir en él esas cualidades que le atribuían los demás, y que lo terminaron convirtiendo en el comandante militar del alzamiento. Ninguno de estos hombres ejercía un magnetismo comparable al de

---

24. Joseph Mary Plunkett (1887-1916), poeta, periodista y revolucionario irlandés. Poco después de unirse a la IRB, en 1915, fue enviado a Alemania para encontrarse con Roger Casement, quien negociaba la obtención de armamento alemán y trataba de reclutar prisioneros de guerra irlandeses para la revuelta. Como uno de los miembros originales del Comité de Guerra, Plunkett fue el encargado de trazar el plan que mayormente se siguió durante el levantamiento. Sir Horace Plunkett era su tío segundo. [N. del T.].

Larkin[25], menos que menos Pearse, en mi opinión. Así y todo, a él se aferraban y a él lo seguían.

Los hombres necesitan encontrar algún centro de poder, de acción o de intelecto alrededor del cual agruparse, y creo que Pearse se convirtió en el líder porque su temperamento era más profundamente emocional que el del resto. Era emocional de un modo serio, no irresponsable, y a uno le daba la impresión de que disfrutaba menos de lo que sufría.

Tenía un don: los hombres que intimaban con él empezaban a obrar contra sus propios deseos e intereses. Sus maestros no siempre cobraban en el plazo debido. Cuando no les pagaba, era por algo muy simple: no tenía fondos. Viniendo de otro, esta explicación parecería contraria a cualquier principio económico, pero viniendo de él, sonaba tan lógica que hasta un niño podía entenderla. Sus maestros no siempre renunciaban. Seguían trabajando para él, quizá maravillados, y aceptaban, incluso con asombro, la teoría de que era más urgente educar a los niños que pagar los salarios. Uno de sus alumnos dijo que no era divertido mentirle a Mr. Pearse, ya que, por más delirante que fuera la mentira, él se la creía siempre. Construyó su escuela, y la siguió renovando y mejorando, porque el resultado era bueno para sus alumnos, y de algún modo u otro conseguía albañiles dispuestos a emprender estos proyectos ingratos.

---

25. James Larkin (1876-1947), líder sindical y activista socialista irlandés. Fundó el Sindicato General de Trabajadores y Transporte, el Partido Laborista Irlandés, y luego Sindicato de Trabajadores de Irlanda. Tuvo un rol central en la huelga general de 1913, la más importante de la historia del país. [N. del T.].

No actuaba así, según creo, porque pensara que "Dios proveerá". Actuaba así porque, cuando algo tenía que hacerse, él lo hacía y punto, descartando por completo lógica, economía o fuerzas mayores. Decía: "Hay que hacer tal cosa, y hasta donde sea humanamente posible la voy a hacer", y de inmediato ponía manos a la obra.

Es triste pensar que hombres así tengan que ocuparse de tareas tan sangrientas y lúgubres, y uno se los puede imaginar diciendo, al aceptar este tipo de responsabilidades: "¡Ah, qué suerte perra la mía!".

Capítulo XI

LABORISMO E INSURRECCIÓN

NADIE EN IRLANDA, AL parecer, tiene información precisa sobre los Voluntarios, sus objetivos o su cantidad de integrantes. Ahora sabemos los nombres de los líderes: los enumeraron cuando nos informaron cómo los habían ejecutado. Y cuando ellos mismos declararon la República, descubrimos, en parte, qué buscaban. Pero los estimativos de la cantidad de integrantes todavía van de los diez a los treinta o cincuenta mil. La primera cifra indudablemente es muy modesta y la última es excesiva; entre quince y veinte mil en toda Irlanda parece un cálculo razonable.

Entre ellos, el Ejército Ciudadano, ala laborista de los Voluntarios, no superaría los mil hombres, número que ya de por sí le costaría mucho alcanzar. De todos modos, hay muchos —y sin duda con el tiempo serán más— que argumentan que esta última insurrección nació por los problemas relacionados con el movimiento laborista en Dublín antes que por un sentimiento patriótico o nacional, teoría que suelen defender esgrimiendo todos los datos y coincidencias que tienen a mano, como suele hacerse para respaldar teorías así.

Es un punto de vista interesante, pero creo que se equivocan.

Que dentro de los Voluntarios hubiera unos, digamos, doscientos integrantes del Partido Laborista de Dublín tal vez sea verdad. Incluso es posible que fueran más. Aun así, es improbable que más de doscientos –o doscientos, para el caso– integrantes del Ejército Ciudadano se hayan movilizado cuando llegó la orden. La gran mayoría de los Voluntarios actuaron siguiendo ese ideal patriótico que es, al mismo tiempo, la herencia y la pesada carga de casi todo irlandés nacido fuera del círculo unionista, y su conexión con el laborismo era mucho más manual que mental.

Esta idea de la importancia del laborismo entre los Voluntarios la sostienen dos clases puntuales y opuestas. Así como hay quienes creen que toda la vida puede explicarse reduciéndola a una fórmula sexual, hay una clase de persona muy afecta a la idea económica, y que detrás de cada una de las actividades del ser humano descubre invariablemente el impacto de los salarios y la rentabilidad. Esa clase de persona efectivamente existe, pero su influencia está limitada a cierta esfera de adeptos, y en la sociedad irlandesa los adeptos al laborismo no son demasiados, aunque la importancia del movimiento, se mire por dónde se la mire, es considerable. El laborismo como concepto todavía no ha llegado a Irlanda. Está en proceso de "gestación", y cuando se habla de problemas vinculados al laborismo en este país, lo primero que le viene a uno a la mente no es ningún partido político, sino apenas dos hombres, Larkin y James Connolly, ambos excepcionales y curiosos a su manera.

Hay otra clase que apunta al laborismo como causa, y lo hace porque le permite alegar que, además de pedigüeño y nihilista, el laborismo irlandés es desleal y traicionero.

La verdad es que el laborismo en Irlanda todavía no ha logrado organizar nada, ni siquiera el descontento. No tiene la menor autoconciencia, y fuera de Dublín no parece casi existir. La imaginación nacional no está en libertad de concentrarse en ningún tema que no sea el de la libertad misma, y parte de la política de nuestros "amos" es garantizar que nos mantengamos ocupados con política y no con ideas sociales. Desde su punto de vista, es una política admirable, y hasta ahora ha tenido un éxito absoluto.

Uno no escucha de labios de ningún trabajador irlandés, ni siquiera en Dublín, ninguna de las afirmaciones y rechazos que desde hace tanto se han convertido en los lugares comunes de sus camaradas en otras tierras. Pero cuando se toca el tema de la libertad irlandesa, sus opiniones no se hacen esperar, y sus deseos son explícitos y, hasta cierto punto, informados. Es un tema que entienden, y han fabricado un lenguaje entero para expresarlo; pero al laborismo no lo entienden ni lo valoran, y no están dispuestos a morir por él.

Posiblemente sea cierto que, antes de poder alcanzar proporciones realmente nacionales, cualquier movimiento debe ser precedido no solo por un ideal intelectual que lo verbalice y lo enmarque, sino también por una sensación de malestar económico que le dé peso, y que cuando estos dos factores se unen, la combinación puede ser irresistible. En Irlanda, en Dublín, los trabajadores descontentos y organizados no representaban una fuerza lo suficientemente considerable como para imponer sus objetivos o estandartes a los Voluntarios, y, de los dos, el ideal laborista es el que se ve absorbido dentro del nacionalista y desaparece. Todos los líderes del alzamiento, sin exceptuar a Connolly, tenían fama de ser grandes patriotas, pero también —esta vez sí exceptuando a Connolly— fama de no mostrar ningún interés particular por los problemas del laborismo.

El amargo recuerdo del paro general de hace dos años sin duda seguía ardiendo en la memoria de los laboristas de Dublín. Quizá hasta podría decirse que era menos un recuerdo que un odio. En cualquier caso, no se trataba de un odio dirigido hacia Inglaterra, ni podría rastrearse el nudo del conflicto a ninguna fuente inglesa tampoco. Era odio hacia los comerciantes locales y, en particular, odio hacia la policía local, y las autoridades y los tribunales locales, que se habían confabulado en su contra.

Es fácil ver que tenían sobradas razones para volver a organizar otra huelga; pero, por más que lo intento, no puedo entender para qué querrían alzarse contra Inglaterra, a menos que fueran patriotas primero y, en un muy distante segundo lugar, sindicalistas después.

No creo que esta combinación de lo ideal y lo práctico se haya consumado en la insurrección de Dublín, pero sí creo que se ha dado el primer paso hacia la fundación de un partido de esas características, y que si, dentro de unos años, llega a haber otro alzamiento en Irlanda, no será tan fácil de controlar como este.

También es posible que no haya más disturbios, pues el movimiento cooperativista, que está creciendo a paso lento pero seguro en el país, podría resolver nuestro problema económico y, por añadidura, nuestro problema nacional también. Esto es, si los ingleses no deciden que este último debe resolverse ya mismo.

James Connolly llevaba en el corazón tanto la causa nacional como la económica, pero era un hombre de un corazón más grande que una casa, y podía darse el lujo de prodigar sus fervores donde para otros eso habría significado disiparlos.

No cabe ninguna duda de que su capacidad para razonar con calma y lucidez fue muy útil para los Voluntarios, pues si Larkin era el centro magnético del movimiento laborista irlandés, Connolly era su cerebro. Lo sentenciaron a muerte por su participación en el alzamiento, y ya han pasado dos días desde que lo mataron.

Lo hirieron de gravedad en combate, y luego le brindaron atención médica —la mejor posible, no cabe duda—, hasta que se recuperó lo suficiente como para ponerse de pie y caer ante las balas de nuevo.

Otros también han muerto. Nunca los conocí, y a Connolly lo conocía apenas. Me lo crucé dos veces hace varios meses, pero había otra gente alrededor, y él apenas abrió la boca en ambas ocasiones. Me dijeron que era callado por naturaleza. Era un hombre de los que hacen mucha falta en Irlanda, pero cuya muerte debería ser lamentada por los laboristas del mundo entero.

Un médico que lo atendió en sus últimas horas dice que Connolly recibió con tranquilidad las noticias de su sentencia. Iban a fusilarlo a la mañana siguiente. El médico le dijo:

–Connolly, cuando te pongas de pie ante el pelotón, ¿podrías rezar por mí?

Connolly contestó:

–Sí.

El hombre agregó:

–¿Y por los hombres que van a fusilarte?

–También –respondió–. Y voy a rezar por todos los hombres de bien que estén cumpliendo con su deber.

Era inflexible en todo lo que se proponía hacer. Podemos confiar en que lo fue también a la hora de cumplir esa promesa. Habrá rezado por los demás cuando no tenía tiempo de rezar por sí mismo, del mismo modo que antes había trabajado por los demás cuando podría haber trabajado por su propio beneficio.

Capítulo XII

LAS CUESTIONES IRLANDESAS

REALMENTE EXISTE UNA CUESTIÓN irlandesa. Dos, mejor dicho. Y la más importante no es la que aparece en nuestros periódicos y nuestra propaganda política.

La primera es internacional, y puede formularse en pocas palabras. Es el deseo que tiene Irlanda de tomar las riendas de su propia vida nacional. Con este deseo los ingleses han profesado estar de acuerdo, y es tan comprensible, en cualquier caso, que no hay necesidad de decir más al respecto en estas páginas. La otra cuestión irlandesa es distinta, y más difícil de describir. La dificultad reside en que no puede abordarse la cuestión hasta que se garantice de algún modo la libertad de Irlanda, ya que este ideal de libertad ha cautivado la imaginación del pueblo. Atraviesa el país entero como una pesadilla, malogrando o previniendo cualquier tipo de proyecto civilizador o cultural, y no sería exagerado decir que Irlanda ni siquiera podrá empezar a vivir hasta que esa obsesión febril haya llegado a su fin, y su imaginación se vea así liberada para realizar aquello que solo la imaginación puede lograr. La imaginación es la suma de la amabilidad y la inteligencia, y mucha falta nos hace.

Podría decirse que la segunda cuestión es de carácter religioso. Efectivamente, eso es lo que se ha dicho, y como cuesta menos aceptar una idea que cuestionarla, todos lo dan por cierto. Pero es falso, absoluta y alevosamente falso. No ha habido otra mentira tan persistente y nociva en toda la historia de Irlanda, ni mentira política alguna de la que se haya abusado con tanto ingenio y maldad.

La intolerancia religiosa no existe en Irlanda, salvo cuando es política. No soy miembro de la Iglesia Católica, ni me siento inclinado a defender un sistema religioso que me desagrada intelectualmente, pero debo admitir que nunca he detectado verdadera intolerancia en mis compatriotas de esa religión. Sí la he detectado entre los protestantes. Aclaro, una vez más: la he detectado entre algunos protestantes. Pero, fuera de Irlanda del Norte, no existe ninguna cuestión religiosa, y en el Norte la cuestión es fundamentalmente menos religiosa que política.

Pensar siempre implica ir aclarando nuestras ideas, y hasta aquí he tratado de aclarar la que nos hacemos de la segunda cuestión irlandesa. No se trata de una cuestión ni católica ni nacionalista, y tampoco digo que sea del todo protestante o unionista; sin embargo, lo cierto es que los extremistas de este último grupo son los responsables del conflicto. Es difícil, incluso para un irlandés que vive en Irlanda, acceder al hecho político concreto que subyace la política protestante irlandesa, elemento que ha venido resistiendo y socavando cualquier intento, sea de parte de Inglaterra o de Irlanda, de reconciliar ambos países. Ese hecho existe, y a su alrededor se agrupa un conjunto de hombres cuyo odio por su propio pueblo no tiene respiro, ni piedad, ni explicación.

Uno podría postular, a grandes rasgos, algunas generalizaciones sobre esta situación, y tratar de resolverla partiendo de ellas. Podríamos decir que la lealtad a Inglaterra es el verdadero origen de su accionar. Estoy dispuesto a creerlo, pero solo hasta cierto punto. La lealtad a Inglaterra no implica necesariamente este odio enérgico, esta ceguera, esta extinción de toda simpatía hacia las personas entre las cuales uno ha nacido, y entre las cuales uno ha vivido en paz, pues ellas han vivido en paz entre nosotros. Podríamos decir que esto se debe a la noción de privilegio y a la sed de poder. De nuevo, estoy dispuesto a aceptar eso hasta cierto punto; pero la verdad es que esas son obsesiones culturales, y pierden su efecto cuando se alcanza el punto de quiebre.

Solo conozco dos estados mentales totalmente desprovistos de agallas o conciencia: la cobardía y la avaricia. ¿Acaso debemos rastrear a esos dos estados este encono más que mortal? ¿A qué le temen, y qué codician? ¿Qué miedo puede causarles un país prácticamente desprovisto de crimen, y qué pueden codiciar de una tierra casi tan pelada como un hueso? Se han convencido a sí mismos, estos hombres, y su propia imaginación les ha hecho creer que en nuestra tranquila tierra abundan los bandidos y los titanes, con el resto de las criaturas fantásticas que uno encuentra en cualquier cuento para chicos.

No creo que la siguiente explicación sea tampoco la clave de todo el asunto, pero sí pienso que hay una historia ulterior que merece contarse. Me imagino que existe una división esotérica dentro del Partido Unionista. Me imagino que ese partido incluirá una organización secreta –quizá sean de la Orden de Orange, quizá sean masones–, en cuyo caso me encantaría saber cuál es el fundamento metafísico de su posición, y cómo la reconcilian con cualquier concepto de humanidad o vida social. Como fuere, todo esto es pura conjetura, y yo, siendo novelista, tengo una imaginación notoriamente irresponsable, así que me contento con dejar el asunto aquí.

De cualquier forma, esta segunda cuestión irlandesa no es tan terrible como parece. Es terrible ahora, y no lo sería si Irlanda fuese un país independiente.

La mejor protección contra una mentira es no creerla, e Irlanda, en este caso, cuenta con dicha protección. Los reclamos del ala unionista no solo se basan en un argumento religioso. Se basan en todos los argumentos posibles. Hay, según ellos, mucha inseguridad en Irlanda (sin contar esta semana de insurrección). Vivir en Irlanda no es seguro. No hay propiedad que no tiemble ante la aterradora posibilidad de una apropiación diurna o nocturna. Y otra apropiación, indefinida pero aún más lamentable, se atisba en el horizonte, reptando sombría y subrepticiamente desde el extranjero.

En Irlanda no se le presta atención a estas cosas, y lo cierto es que no son temas que se consideren aptos para consumo irlandés. A los jueces de este país se les entregan guantes blancos con tanta regularidad[26] que tal vez incluso les resulte irritante a ellos mismos, y, de no ser por los disturbios políticos, no podrían ver sus recibos de sueldo sin que se les cayera la cara de vergüenza. Todo el Colegio de Abogados de Irlanda casi se larga a llorar al unísono cada vez que escucha las palabras "Ley Agraria", y suele quedarse mirando fijo, aunque nunca en silencio, a los indigentes. Son temas destinados a consumo inglés, y por eso se los manda directo a Inglaterra. Se los dejará de exportar cuando dejen de ser rentables, y es posible que estos hombres terminen volviéndose más sociables y patrióticos cuando se den cuenta de que en realidad no son ellos los que comandan los grandes ejércitos. Sin embargo, Irlanda seguirá a su merced mientras Inglaterra no deje de consumir con tanto entusiasmo sus ridiculeces, y mientras se siga mostrando dispuesta a pulverizar a Irlanda si ellos se lo piden. La única defensa de los irlandeses en este caso sería la libertad.

Hay ciertas cosas muy simples en las que se basa toda vida. Un hombre ve que tiene hambre, y esa constatación le permite ir a trabajar durante el resto de su vida. Un hombre descubre (ha sido todo un descubrimiento para muchos) que es irlandés, y este

______

26. Era costumbre entregar guantes blancos a los jueces de aquellas jurisdicciones en las que no se habían registrado crímenes durante un período determinado de tiempo. [N. del T.]

dato simplifica todas sus decisiones políticas subsiguientes. Hay algo reconfortante en el hecho de ser irlandés: uno puede serlo totalmente, y en ese sentido ser tan completo y puro en su esencia como una piedra o una estrella. Pero ningún irlandés puede pretender ser más que un inglés mulato, y si eso es una ambición o una meta, no es muy heroica que digamos.

Sin embargo, hay un problema, un problema que no se resolverá solo, por más que intenten silenciarlo: Úlster. Los nacionalistas, con demasiada frecuencia, se imaginan que la actitud que muestra Úlster hacia Irlanda es fruto de su ignorancia y sus prejuicios. Concedamos que ambos factores inciden en la opinión de los norteños: eso no explica, de todas formas, la posición que Úlster ha adoptado, y nada puede explicar la actitud del gobierno irlandés hacia Úlster.

¿Qué ha hecho el Partido Irlandés para combatir los prejuicios norteños, o para paliar el descontento de ese sector y reconciliarlo con el resto de Irlanda? La respuesta es patéticamente simple. No ha hecho nada. O, si ha hecho algo, fueron cosas que solo lograron sacar a todos los norteños de sus casillas. Cuando la Orden de Orange estaba agonizando, el Partido impulsó y organizó la Orden de Hibernios, y la respuesta de Úlster puede verse en la situación a la que nos enfrentamos hoy. Si los miembros del Partido tuvieran aunque sea la menor habilidad política, durante los últimos diez años habrían recorrido el Norte de punta a punta para educar, aplacar y seducir al norteño protestante. Pero, como buenos irlandeses, no supieron despegarse de Inglaterra, y desfilaron por ese país cuando no era urgente desfile alguno, mientras prodigaban tantos discursos allí que, a esta altura, el más ligero acento de Irlanda debe volver loco de aburrimiento a cualquier inglés que lo oiga.

Es posible que a varios ciudadanos de Belfast se les hubieran iluminado los ojos ante un desfile similar; y que el pueblo de Derry hubiera entendido, con ayuda de un puñado de discursos como esos, que la autonomía irlandesa y la unidad de la nación eran necesarias por el bien de nuestra isla, aunque no más sea para librarnos de todos esos charlatanes de una vez por todas.

Que el Partido nos explique por qué han descuidado, entre sus deberes políticos, el deber de ir en persona a Úlster para calmar los ánimos. Por qué, en resumidas cuentas, prefirieron someterla a un boicot y permitir así que aumentara la tensión política, religiosa y racial en Irlanda, sin dedicar nunca una sola palabra al tema. ¿Tenían miedo de que les tirasen "maní"? Fuera lo que fuere que les causaba tanto miedo, lo cierto es que se mantuvieron lo más lejos posible de Úlster, y por más visible y audible que fuera su presencia en otros lares, en esa parte de Irlanda eran mudos e invisibles.

El conflicto de Úlster es aparentemente religioso; pero es tan fácil idear y aplicar medidas para paliar ese aspecto del problema que casi se lo podría dejar fuera de la discusión. La verdadera dificultad es económica, y muy enrevesada. Pero a menos que las ganancias y las pérdidas sean evidentes de inmediato, es difícil que un hombre se conmueva hasta los huesos escuchando a un contador, y por lo tanto nuestros compatriotas de Úlster han alzado la bandera de la religión y, bajo ese emblema sagrado, están luchando por lo que algunas personas denominan el dios Mamón, pero que en realidad tal vez no sea más que el lujo de tener un poco de pan y manteca.

Antes de poder hablar de Irlanda como nación, debemos convertirla en una. Una nación, políticamente hablando, es un conjunto de personas que comparten idénticos objetivos; y los intereses de Úlster y los del resto de Irlanda, más que idénticos, son opuestos. Es Inglaterra la que manda a hacer y paga los barcos construidos en Belfast, y es para Gran Bretaña, o con el beneplácito de la potencia británica, que Úlster lleva adelante su enorme industria de la lana. Económicamente, el resto del país apenas si existe para Úlster, y quien insista en considerar la cuestión del Norte de Irlanda desde un punto de vista idealizado estará perdiendo el tiempo, el suyo y el de cualquiera que se ponga a escucharlo. Las salvaguardas que Úlster exigirá, si las circunstancias la fuerzan irremediablemente a hacerlo, quizá suenen políticas o religiosas, pero serán en esencia económicas, y estarán arraigadas sin excepción en su estrecha amistad con Inglaterra; y todo aquello que denote, aunque sea mínimamente, algún odio hacia Inglaterra, será una verdadera amenaza para Úlster. Antes que dejar que Úlster nos devore, deberíamos devorar nosotros a Inglaterra, y hasta que Irlanda se dé cuenta de este hecho, el problema de Úlster no podrá abordarse, y mucho menos resolverse.

Las palabras Sinn Féin significan "Nosotros mismos", y es de nosotros mismos que hablo en este capítulo. Más urgente que cualquier emancipación política es que las personas de buena voluntad se reúnan para ayudar a su país, que tanto lo necesita. Debemos dejar de mirar hacia los confines del mundo y concentrarnos en lo que tenemos a nuestro alrededor y al alcance de la mano. Ningún político nos va a hablar de Irlanda si puede recurrir a algún artilugio para evitarlo. Va a seguir hablándonos de Westminster y de Chimborazo y de las montañas en la Luna. Los irlandeses tienen que empezar a pensar por sí mismos y sobre sí mismos, en lugar de desperdiciar energía en causas demasiado lejanas como para poder incidir bien o mal en ellas. Creo que nuestro material humano es tan bueno como el de cualquier país del mundo. No será mejor, quizás, pero tampoco peor. Y creo que toda política que no sea local es inconducente y agobiante. Dicen que Irlanda es apenas una islita. Tiene un territorio más de veinte veces mayor al que necesitamos, y ni nosotros ni nuestros hijos llegaremos a explorarlo por completo durante nuestras vidas. Con los problemas que tenemos en nuestros pueblos y ciudades basta y sobra para abrumar las mentes de varias generaciones. Aquí está el mundo entero, y todo lo que al mundo confunde o deleita también. No hemos perdido nada. Ni siquiera las vidas de los valientes que lucharon. Ellos han sido un instrumento. Hoy comienza la gran aventura de Irlanda. Los Voluntarios han muerto, y ahora el país clama voluntarios nuevos.

OTROS TÍTULOS

La insurrección en Dublín
James Stephens

Apocalipsis
Karl Kraus

El fin de las pequeñas historias
Eduardo Grüner

La risa
Henri Bergson

La filosofía de las barbas
Thomas S. Gowing

Historia de los Pioneros de Rochdale
Georges J. Holyoake

El Falansterio
Charles Fourier

El entramado: el apuntalamiento técnico del mundo
Christian Ferrer

Los estudios culturales
Fredric Jameson

La política de la modernidad
Raymond Williams

¿Por qué la naturaleza nos hace envejecer?
Los nietos de Adán y Eva
Carles Zafón

La identidad cooperativa
Oscar Bastidas-Delgado

Las cooperativas escolares
Alicia K. de Drimer, Ernardo Drimer

www.margebooks.com